高中化学教学理念与实践研究

向娟萍 著

延吉·延边大学出版社

图书在版编目（CIP）数据

高中化学教学理念与实践研究 / 向娟萍著. -- 延吉：延边大学出版社, 2024.7. -- ISBN 978-7-230-06905-2

Ⅰ. G633.82

中国国家版本馆 CIP 数据核字第 2024FX0888 号

高中化学教学理念与实践研究

著　　者：向娟萍
责任编辑：李　宁
封面设计：侯　晗
出版发行：延边大学出版社
社　　址：吉林省延吉市公园路 977 号　　邮　　编：133002
网　　址：http://www.ydcbs.com　　E-mail：ydcbs@ydcbs.com
电　　话：0433-2732435　　传　　真：0433-2732434
制　　作：期刊图书（山东）有限公司
印　　刷：延边延大兴业数码印务有限责任公司
开　　本：787mm×1092mm　1/16
印　　张：12
字　　数：220 千字
版　　次：2025 年 5 月第 1 版
印　　次：2025 年 5 月第 1 次印刷
书　　号：ISBN 978-7-230-06905-2

定　　价：58.00 元

PREFACE 前言

21世纪的科学技术日新月异，社会对人才的需求呈现出多元化和复杂化的特点。化学作为一门基础自然科学，在高中教育中扮演着至关重要的角色。它不仅可以为学生提供理解物质世界的基础，还是提升学生科学素养的基石。然而，随着教育理念的不断演进和科技的迅猛发展，高中化学教学面临着前所未有的挑战和机遇。

本书旨在深入探讨高中化学教学的理念、方法和策略，以适应现阶段高中化学教学的需求。第一章从教学理念的演变与发展出发，详细阐述高中化学教学的目标与价值、高中化学教学评价，以及当代化学教学理念的核心思想。

第二章至第八章深入分析了高中化学课程设计原理、高中化学教学方法与策略、学生科学素养的培养及教师专业发展、高中化学实验教学研究、高中化学教学的学科融合实践、高中化学课程思政教学，以及面向未来的高中化学教学。

为了应对实施新课标面临的挑战，本书论述了高中化学教学与学生未来职业发展的关联，以及创新教育理念在高中化学教学中的实践，从而为教育工作者提供参考。

相信通过不断的研究和实践，高中化学教学将能更好地适应时代的发展，为学生的终身学习和全面发展奠定坚实的基础。

向娟萍
2024年3月15日

CONTENTS 目 录

第一章 高中化学教学理念概述 ... 1
- 第一节 教学理念的演变与发展 ... 1
- 第二节 高中化学教学的目标与价值 ... 5
- 第三节 高中化学教学评价 ... 25
- 第四节 当代化学教学理念的核心思想 ... 33

第二章 高中化学课程设计原理 ... 42
- 第一节 高中化学课程设计的基本原则 ... 42
- 第二节 高中化学课程内容的选择与组织 ... 46
- 第三节 高中化学课程评价与反馈机制 ... 51

第三章 高中化学教学方法与策略 ... 57
- 第一节 传统教学方法的反思与改进 ... 57
- 第二节 探究式教学法在高中化学教学中的应用 ... 60
- 第三节 项目式学习在高中化学教学中的应用 ... 67
- 第四节 合作学习在高中化学教学中的实践 ... 73
- 第五节 翻转课堂在高中化学教学中的尝试 ... 81

第四章 学生科学素养的培养及教师专业发展 ... 86
- 第一节 学生科学素养的培养 ... 86
- 第二节 教师专业发展 ... 97

第五章 高中化学实验教学研究 ... 109
- 第一节 高中化学实验教学的意义与现状 ... 109
- 第二节 高中化学实验教学内容的选择与设计 ... 113

第三节　高中化学实验教学的评价与改进 …………………… 118

第六章　高中化学教学的学科融合实践 …………………… 123
　　第一节　信息技术在高中化学教学中的应用探究 …………… 123
　　第二节　多媒体教学资源的开发与利用 ……………………… 130
　　第三节　跨学科视角下的高中化学教学 ……………………… 142

第七章　高中化学课程思政教学 …………………………… 155
　　第一节　高中化学教学中的价值观引领 ……………………… 155
　　第二节　高中化学实验与生态文明教育 ……………………… 159
　　第三节　科学探究与道德责任的结合 ………………………… 164

第八章　面向未来的高中化学教学 ………………………… 169
　　第一节　新课标下高中化学教学面临的挑战 ………………… 169
　　第二节　高中化学教学与学生未来职业发展的关联 ………… 173
　　第三节　创新教育理念在高中化学教学中的实践 …………… 180

参考文献 …………………………………………………………… 184

第一章 高中化学教学理念概述

第一节 教学理念的演变与发展

教学理念是对认识的集中体现，同时也是人们对教学活动的看法和持有的基本的态度和观念，是人们从事教学活动的信念。高中化学教学理念的演变与发展是一个复杂而深入的话题，不仅涉及教育学、心理学、化学等学科的知识，还与社会文化、科技进步紧密相关。

高中化学教学不仅传授化学知识，更注重培养学生的科学素养、创新能力和终身学习能力。

一、传统教学理念

（一）以知识传授为主

在高中化学的传统教学模式中，教师是课堂的主导者，承担着向学生传授化学基础知识和基本原理的任务。这种教学理念强调化学学科知识的系统性和完整性，旨在确保学生能够掌握化学的核心概念和技能。

在这种教学模式下，教师通过讲授、板书和演示实验等方式，将化学的基本原理和概念传授给学生。课程内容通常遵循教育标准，侧重于考查学生对化学基本概念、原理和定律的掌握。教学方法倾向于使用讲授法，辅以一定的实验教学，以帮助学生理解化学现象和原理。

学生的学习成效通常通过考试和测验来评估，并且评估方式侧重于学生对知识点的记忆和理解。由于课堂管理强调纪律和秩序，因此教师通常期望学生能够认真听讲、记笔记，并在课堂上保持安静。

化学知识被组织成严密的体系，从原子结构到化学反应，再到化学键和分子间作用力，学生需要按部就班地学习。虽然这种教学模式在传授基础知识方面发挥着重要作用，但也存在局限性，如容易忽视学生的个体差异。

随着教育理念的更新和社会对人才需求的改变，教育工作者开始反思和探索新的教学理念和方法。未来的化学教学需要在继承传统教学优势的基础上，更多地体现互动性、探究性和创新性，以培养学生的综合能力。

尽管传统教学模式在历史上起到了重要作用，但在当今教育改革的大背景下正逐渐被更加注重学生个体发展和创新能力培养的现代教学理念取代。

（二）受到应试教育的影响

应试教育作为一种普遍存在的教育现象，对高中化学教学产生了深远的影响。在这种教育模式下，化学教学的主要目标被定位为帮助学生在标准化考试中取得高分，而化学知识的深入理解和实际应用往往被忽视。

由于考试通常侧重于对知识点的掌握和应用，因此化学教学的内容和方法往往围绕考试大纲展开。教师在教学过程中，更倾向于通过直接讲授和布置大量练习题来加强学生对知识点的记忆。这种教学方式虽然在短期内可以提高学生的考试成绩，但从长期来看可能会限制学生对化学知识的深入理解和创新思维的培养。

在应试教育的背景下，学生可能会被鼓励进行机械记忆和重复练习，而不是通过探究和实验来学习化学。这种做法可能导致学生对化学学科的兴趣和热情下降，因为他们可能感到化学学习是枯燥乏味的。

应试教育还可能导致教育资源分配不均衡。学校和教师可能会将更多的时间和精力花费在考试科目的教学上，而忽视其他同样重要的学科和技能的培养。

然而，随着教育改革的深入，越来越多的教育工作者开始意识到应试教育的局限性，并努力寻求更加全面和均衡的教育模式。他们倡导以学生为中心的教学理念，强调培养学生的批判性思维、创新能力。

二、当代教学理念的萌芽

（一）以学生为中心

20世纪末，教育领域迎来了一场重要的转型，其中"以学生为中心"的教学理念逐渐成为教育改革的核心。在这种理念的推动下，化学教学开始从传统的知识传授模式，转变为更加关注学生个体差异和需求的教学方式。

在以学生为中心的教学中，教师的角色发生了显著变化。教师不再只是知识的传递者，而是成为学生学习的引导者、促进者和合作伙伴。教师需要了解每个学生的兴趣、能力和学习需求，设计适合不同学生的化学教学活动，以满足他们的个性化需求。

这种教学理念强调学生的主动参与和自主学习。学生被鼓励提出问题、探索答案，并在教师的引导下，通过实验、讨论和合作学习等方式，主动构建化学知识体系。这种学习方式不仅能够提高学生的化学素养，还能培养他们的批判性思维、创新能力和终身学习能力。

（二）采用探究式学习方式

探究式学习作为当代教育理念的重要组成部分，在化学教学中占据着核心地位。探究式学习强调学生的主动探索和实践操作，与传统的被动接受知识的教学模式形成了鲜明对比。采用探究式学习方式不仅能够提高学生对化学知识的理解能力，还能培养他们的科学思维和问题解决能力。

在探究式学习中，学生被置于学习过程的中心，教师则转变为引导者和协助者。教师通过设计开放性问题和实验活动，可以激发学生的好奇心和探究欲，引导他们通过观察、提问、假设、实验和分析等步骤探索化学现象背后的原理与规律。

实验是探究式学习的重要环节。通过动手做实验，学生能够直观地观察化学反应的过程，感受化学变化的奇妙，从而加深对化学知识的理解。实验活动还能培养学生的观察力、实验技能和数据分析能力，为他们未来的科学研究和技术创新打下基础。

问题解决是探究式学习的另一个核心要素。教师可以通过设置真实或模拟的化学问题情境，引导学生运用所学的化学知识和技能，寻找解决问题的方法和策略。在这个过程中，学生需要运用批判性思维分析问题，评估不同的解决方案，并做出合理的决策。

探究式学习还强调学生的反思和总结。在探究活动结束后，教师要引导学生对整个探究过程进行反思，总结学到的知识和技能，分析存在的问题和不足，并提出改进的意见和建议。这种反思和总结的过程能够帮助学生培养自我评价与自我调整的能力，促进他们持续发展。

评价方式在探究式学习中也发生了变化。评价不再只是依赖于考试成绩，而是更多地关注学生在学习过程中的表现，如参与度、探究能力、创新思维和问题解决能力等。这种评价方式能够更全面地反映学生的学习成效，激励他们不断进步。

三、21世纪的教学理念发展

（一）核心素养的培养

进入 21 世纪，教育的目标和理念发生了显著的变化。核心素养的培养不仅仅是传授知识，更强调学生的全面发展，包括批判性思维、创新精神和实践能力的培养。

（1）21 世纪化学教学开始重视培养学生的批判性思维，即学生独立思考，对所学知识进行分析、评估和推理的能力。教师通过设计具有挑战性的化学问题和实验，可以引导学生提出疑问，探索不同的观点，以此促进他们对化学知识的深入理解和批判性分析能力的提升。

（2）创新精神的培养是 21 世纪化学教学的核心。教师可以通过开放式的教学方法，鼓励学生进行创造性思考，开发新的实验方法，或者对现有的化学理论提出新的见解。这种教学方式不仅能够激发学生的好奇心和探索欲，还能为他们将来在科学领域开展创新活动打下基础。

（3）实践能力的培养在 21 世纪化学教学中同样重要。通过实验室工作、项目研究和社会实践，学生能够将理论知识应用到实际问题的解决中。这种应用导向的学习方式有助于学生理解化学知识的实际价值，提升解决复杂问题的能力。

（4）21 世纪化学教学注重跨学科的学习。化学与生物学、物理学、材料科学等多个学科领域相互交叉，因此教师鼓励学生从多学科视角来理解化学现象，从而形成综合性的知识体系。

（5）在经济全球化和信息化的背景下，化学教学还强调信息技术的应用。利用计算机模拟、在线课程和虚拟实验室等工具，学生可以在更加丰富和灵活的学习环境中探索化学世界。

（6）评价方式的改革是 21 世纪化学教学理念发展的一部分。评价不再只是依赖于传统的笔试和实验操作，而是更多地关注学生的综合素质，包括团队合作、沟通交流、自我管理和终身学习的能力。

（7）21 世纪化学教学强调社会责任和伦理教育。在教授化学知识的同时，教师可以引导学生思考化学活动对环境和社会的影响，培养他们的社会责任感和伦理意识。

（二）STEM 教育

STEM 教育，即科学（science）、技术（technology）、工程（engineering）和

数学（mathematics）教育的整合，已经成为21世纪教育改革的重要趋势。在此背景下，化学教学不再局限于传统的化学实验室和教科书，而是与其他学科紧密相连，形成了多学科交叉、综合性强的教育模式。

化学作为STEM教育中的核心学科之一，与其他学科的整合可以为学生提供更加宽广的学习视野。例如，在技术领域，学生可以利用计算机模拟和数据分析工具来研究化学反应机理。这不仅能提高学生的学习效率，还能加深他们对化学现象的理解。在工程领域，学生可以通过参与化学工程项目，了解化学知识在工业生产和环境保护方面的应用，培养工程思维和实践能力。

STEM教育强调跨学科的整合和应用，鼓励学生运用多学科知识解决实际问题。在化学教学中，教师可以设计一些综合性的学习项目，如环境污染治理、新能源开发、药物合成等，让学生在解决问题的过程中综合运用化学、物理、生物等学科的知识。

STEM教育还注重学生创新能力和实践能力的培养。在化学教学中，教师可以引导学生开展科学探究活动，如设计实验方案、按步骤进行实验操作、分析实验数据等，以培养学生的科学探究能力和创新思维。同时，通过参与工程项目和社会实践，学生能够应用化学知识解决实际问题，提高实践能力。

第二节 高中化学教学的目标与价值

高中化学教学是中学教育中的重要组成部分。通过学习化学，学生不仅能掌握化学基础知识，还能培养科学素养和终身学习能力。

一、传授化学知识

在高中化学教学的目标与价值中，知识传授是核心部分。

（一）原子结构与元素周期表

1. 原子结构的基础知识

原子是构成物质的基本单元，由原子核和电子云组成。原子核位于原子中心，由质子和中子构成。质子带有正电荷；而中子是中性的，不带电荷。环绕在原子核周围的是电子云，电子带有负电荷。质子、中子和电子的数量与排列方式决定了原子的化学性质及其在元素周期表中的位置。

原子核中的质子数决定了元素的原子序数，这也是元素的标识。每种元素的原子都有特定的电子排布，电子按照特定的能级和轨道分布在原子周围。电子的这种排布模式是理解元素化学反应的关键，因为它们决定了元素如何与其他元素相互作用形成化合物。

在高中化学教育中，学生需要掌握这些基础概念，因为它们是理解更复杂化学过程的基石。了解原子结构不仅有助于解释元素的化学性质，还有助于预测元素之间的反应和化合物的形成。

2. 质子、中子和电子的作用

质子、中子和电子是构成原子的三种基本粒子，并且在原子中扮演着不同的角色。质子是带正电荷的粒子，位于原子核中，其数量决定了元素的类型。原子序数，即质子的数量，是区分不同元素的关键特征。每种元素的原子都含有特定数量的质子，这个数量是其独特身份的标识。

中子的存在对原子的质量和稳定性有重要影响。同位素是指具有相同原子序数（即相同数量的质子）和不同中子数的原子。尽管同位素的中子数不同，但它们的化学性质基本相同，因为化学性质主要取决于电子的排布。

电子是带负电荷的粒子，在原子核周围的电子云中运动。电子的排布决定了原子的化学性质，因为它们参与形成化学键，是化学反应中的关键参与者。电子的能级和轨道排布遵循量子力学的规律，这些规律决定了原子如何与其他原子相互作用，以及如何参与化学反应形成分子。

在化学教育中，理解质子、中子和电子的作用对于学生掌握元素的化学行为至关重要。了解这些粒子如何共同作用，可以帮助学生预测不同元素之间的反应，以及它们如何结合形成各种化合物。

3. 电子云与电子排布

电子云是描述电子在原子周围概率分布的模型。在这个模型中，电子并不是沿着特定的路径运动，而是以一种概率性的方式存在于原子周围的空间中。电子按照不同的能级和轨道进行排布。

每个能级都有其特定的能量状态，并且容纳的电子数量有限。电子的排布遵循两个重要的量子力学原理：泡利不相容原理和能量最低原理。泡利不相容原理指出，一个原子中不可能有两个或更多的电子具有完全相同的四个量子数，这意味着每个轨道最多只能有两个电子，并且它们的自旋方向必须相反。能量最低原理则表明，电子会优先占据能量最低的能级。

利用这些原理，可以预测电子在原子中的排布方式。电子排布不仅决定了原子的电子结构，还决定了原子的化学性质。例如，最外层电子的数量（价电子）

对原子的化学活性有显著影响。

4. 元素周期表

元素周期表是化学领域中极为关键的参考工具。它将所有已知的元素按照原子序数（即质子数）进行排列，并将元素按照其化学性质的相似性进行分组。元素周期表由若干个周期和族组成，周期指的是表中的水平行，而族则是表中的垂直列。

每个周期代表电子能级的一次完整变化，即电子填充到新的能级。元素周期表中的每个族则根据元素的价电子数（即最外层电子数）来分组，这决定了元素的化学性质。族中的元素通常具有相似的化学行为，因为它们倾向于以相似的方式与其他元素发生反应。

元素周期表不仅有助于学生快速识别元素的基本特性，还揭示了元素之间的潜在关系。例如，同一族的元素往往在化学反应中表现出相似的趋势，如金属族元素通常具有良好的导电性和延展性，而非金属族元素倾向于形成绝缘体。

元素周期表是化学学习和研究中不可或缺的工具，不仅可以帮助学生和研究人员系统地了解元素的基本信息，还可以用来预测和理解元素的化学性质。学生通过学习元素周期表，能够根据元素在表中的位置来推断其特性。

金属元素一般位于元素周期表的左侧和中间部分，而非金属元素大多位于元素周期表的右侧。通过观察元素在元素周期表中的位置，可以预测它们的一些基本性质，如电负性、可能的氧化态，以及它们在化学反应中的活性。例如，在元素周期表中，元素的电负性按照从左到右的顺序增加，以及从上到下的顺序减小。

元素周期表还展示了元素性质的周期性变化，这种变化趋势对于理解元素如何反应及其可能形成的化合物类型至关重要。例如，同族元素（同一列）通常具有相似的化学性质，因为它们的价电子排布相似。

对于学生来说，掌握元素周期表的使用主要有两方面作用：一是加深对化学基本原理的理解，二是在解决化学问题、进行科学实验设计及探索新材料和化合物时发挥重要作用。元素周期表是连接理论和实践的桥梁，可以为化学的学习和研究提供直观且强大的框架。

（二）化学键与分子结构

1. 化学键的基本概念

化学键是原子之间相互作用的结果，决定了分子的稳定性和反应性。高中化学课程主要涉及三种化学键类型：离子键、共价键和金属键。

（1）离子键是由活泼金属和活泼非金属之间的电荷转移形成的，是正、负离子间的静电力，常见于盐类和氧化物中。

（2）共价键是两个原子通过共享一对或多对电子形成的，主要存在于非金属原子之间，如氧气分子中的双共价键。

（3）金属键是一种特殊类型的化学键，涉及多个电子被多个金属原子共享，这种键合方式赋予金属特有的延展性和导电性。

2. 化学键与分子稳定性

化学键的类型直接影响分子的稳定性。离子键会在晶体结构中形成较强的键；而共价键则在分子中形成，其稳定性取决于键的强度和分子的几何结构；金属键则为金属提供了其特有的物理性质，如延展性和导电性。

3. 分子的几何构型

分子的几何构型是指分子中原子的空间排列方式，这种排列方式由原子间的化学键和它们之间的角度（键角）决定。分子的几何构型对于理解分子的性质和反应性至关重要，因为它决定了分子的空间结构和原子间的相互作用。

分子可以呈现多种不同的几何构型，如线性、V形、四面体、三角双锥和八面体等。这些几何构型通过影响分子的空间形状和对称性来影响分子的物理性质与化学性质。例如，水分子的V形结构使其具有独特的极性和氢键能力，这决定了水的许多独特性质，如沸点高和表面张力大。

分子的几何构型还会影响其化学反应性，因为分子的形状决定了反应位点的可接近性和反应物分子间的相互作用。在有机化学中，分子的立体化学（包括顺反异构和光学异构）对反应的选择性和产物的构型有显著影响。

4. 分子结构与物理性质、化学性质

分子结构是决定分子物理性质和化学性质的核心因素，直接影响分子的极性、沸点、熔点及溶解性等关键特性。在分子的几何构型和化学键的类型共同作用下，形成了分子的总体性质。

分子的极性是指分子中电荷分布的不均匀性，通常是由分子中不同原子的电负性差异，以及内部电荷分布不均匀造成的。极性分子倾向于通过偶极—偶极相互作用或氢键与其他极性分子相互吸引，这增加了分子间的作用力。

分子间作用力的强度直接影响物质的物理状态。例如，较强的分子间作用力通常会导致较高的沸点和熔点，因为需要更多的能量来克服这些作用力，从而使物质从固态或液态转变为气态。

溶解性是分子间相互作用的另一个重要表现。"相似相溶"原则表明，极性分子通常容易溶解在极性溶剂中，而非极性分子则容易溶解在非极性溶剂中。这是因为分子间的相互作用，如偶极-偶极相互作用、色散力和氢键，决定了分子在特定溶剂中的溶解能力。

（三）化学反应与平衡

在高中化学教学中，化学反应与平衡是核心内容之一，对于学生理解物质如何转化和相互作用至关重要。

1. 化学反应的类型

化学反应是物质从一种状态或化合物转变为另一种状态或化合物的过程。学生需要了解以下几种基本的化学反应类型：

（1）合成反应（也称化合反应）：两种或多种简单物质结合形成一种更复杂的化合物。

（2）分解反应：一种复杂化合物分解成两种或更多种的简单物质。

（3）置换反应：一种元素与一种化合物发生反应，取代化合物中的另一种元素。

（4）氧化还原反应：涉及电子转移的反应，其中一种物质被还原（获得电子），而另一种物质被氧化（失去电子）。

2. 化学反应的表示

化学反应的表示是化学语言的基础。化学反应通常通过化学方程式来展示反应物（起始物质）如何转化成生成物（最终产物）。化学方程式不仅可以列出参与反应的每种物质，还可以表明它们之间的摩尔比例关系。

正确书写化学方程式需要使用标准的化学符号，并确保方程式两边的原子数量相等，这通常通过调整系数（化学计量数）来实现。每个系数代表相应物质的摩尔数。

学生在学习化学时，需要掌握如何准确地书写化学方程式，其中包括了解如何表示不同的化学物种（如离子、分子、自由基等），以及如何为不同的反应类型（如合成反应、分解反应、置换反应和氧化还原反应等）书写方程式。

化学方程式还可以包括反应条件，如温度、压力、催化剂等，这些条件对反应的速率和平衡有重要影响。了解如何正确表示化学反应对于预测反应的结果、设计实验和理解自然界中的化学过程至关重要。

3. 化学平衡的计算

化学平衡是化学反应中的一个关键概念，指的是在一定条件下，反应物和生成物的浓度保持不变，但反应仍在进行的状态。化学平衡常数简称平衡常数，是描述这种平衡状态的重要参数，表示在平衡时生成物和反应物浓度的比。

学生在学习化学平衡时，需要理解如何使用平衡常数进行相关的计算。平衡常数的表达式通常与化学反应的化学方程式有关，涉及反应物和生成物的浓度幂次方的乘积与系数的比值。

为了计算给定条件下的平衡常数，学生需要了解如何根据实验数据或已知的平衡浓度来确定平衡常数的值。通过已知的平衡常数的值，学生可以预测在特定条件下，一个反应的平衡位置，即反应物和生成物的相对比例。

掌握化学平衡的计算对于学生来说，不仅涉及化学反应的定量分析，还关系到理解和预测工业过程、生物化学途径与环境化学中的现象。化学平衡的概念也是理解和应用勒夏特列原理的基础。勒夏特列原理描述了当一个处于平衡状态的系统受到外部条件的影响发生变化时，如何进行调整以响应这些变化。

4. 化学平衡的影响因素

化学平衡位置，即反应物和生成物在平衡状态下的相对比例，可以被多种外部条件的变化影响。这些条件包括温度、压力和反应物或生成物的浓度。了解这些因素如何影响化学平衡对于化学工程、生物化学工程及环境科学等来说都至关重要。

勒夏特列原理用于预测外部条件变化对化学平衡的影响。该原理指出，如果一个处于平衡状态的系统受到外部条件改变（如温度升高或压力增大）的影响，那么系统会自动调整以降低这种改变的影响。具体来说，平衡会向能够降低变化效果的方向移动。

例如，如果一个吸热反应（需要吸收热量的反应）的系统温度升高，根据勒夏特列原理，平衡会向吸热的方向移动，即生成物的形成会增加。相反，如果系统的压力增大，平衡通常会向减少气体分子总数的方向移动，即向生成更少气体分子的一侧进行。

反应物或生成物的浓度变化也会影响平衡位置。反应物浓度的升高通常会导致生成物浓度的升高，而生成物浓度的降低则会使反应向生成更多生成物的方向进行。

（四）有机化学基础

1. 有机化合物的基本结构

有机化学主要研究有机化合物的组成、结构、性质等，是化学的一个分支。有机分子结构的多样性源于碳原子独特的化学性质（能够形成四个稳定的共价键）。碳原子的这种特性使其可以与其他碳原子或不同元素（如氢、氧、氮等）连接。

在初学有机化学时，学生需要先理解有机分子的基本结构单元，即碳链。碳原子可以形成多种类型的化学键，包括单键、双键和三键，这些键的性质决定了有机分子的几何形状和反应性。碳链可以是直链，也可以是支链，它们构成了有机分子的骨架。

有机分子的结构不仅限于碳链，还包括环状结构，如碳环。有机分子中的官能团，如羟基、羧基、醛基和醚键等，对分子的性质和反应性都有显著影响。官能团是决定有机分子化学性质的关键部分，参与了有机化学中的许多重要反应。

2. 官能团的角色

官能团是有机分子中具有特定化学性质和反应性的原子团。官能团的存在决定了有机分子的化学活性及其参与化学反应的类型。一些常见的官能团，如羟基、羧基、酮基、烯基等，都具有独特的化学性质和反应路径。

羟基是醇和酚的特征官能团，可以参与氢键作用，影响分子的物理性质，如沸点和溶解性。羧基是羧酸的特征官能团，具有酸性，能够与金属形成盐，并且可以通过酯化反应形成酯。酮基通常存在于酮类化合物中，可以参与多种有机反应，如还原反应和加成反应。烯基是烯烃的特征，含有一个碳-碳双键，可以参与加成反应和聚合反应。

学生在学习有机化学时，需要识别和理解不同官能团的特性，以及它们如何影响有机分子的反应性。掌握官能团的知识不仅有助于预测和设计有机反应，还可以帮助学生在合成复杂有机分子时选择合适的反应条件和路径。

官能团的作用不仅限于化学反应，还会影响分子的物理性质，如极性、溶解性和稳定性。因此，了解官能团对于开发新药物、合成新材料及理解生物分子的功能都是非常重要的。

3. 同分异构体的概念

同分异构体是指具有相同分子式但结构不同的化合物。同分异构体的存在体现了有机化学的多样性。同分异构体分为两大类：构造异构体和立体异构体。

构造异构体的原子连接顺序不同，这意味着虽然它们包含相同数量和类型的原子，但这些原子的化学键排列方式不同。例如，烯烃的顺式异构体和反式异构体就是构造异构体，虽然它们具有相同的分子式，但双键两侧的原子或原子团的相对位置不同。因此，烯烃的顺式异构体和反式异构体的物理性质与化学性质存在差异。

立体异构体则涉及原子在空间中的三维排列差异。即使原子间的连接顺序相同，原子在空间中的相对位置不同也能产生不同的立体异构体。立体异构体的一个典型例子是旋光异构体。旋光异构体在化学和生物学中非常重要，因为它们可能具有不同的生物活性。

理解同分异构体的概念有助于学生认识到，即使是微小的结构变化也能引起分子性质的显著差异。掌握同分异构体的知识对于有机合成、药物设计、天然产物的鉴定及生物分子三维结构的理解都至关重要。

4. 有机化学反应类型

有机化学反应是有机化学的核心，学生需要熟悉以下几种基本反应：

（1）亲电加成反应：反应中一种亲电试剂（带正电的物种）与含有 π 键的分子（如烯烃）发生反应。

（2）亲核取代反应：一种亲核试剂（带负电的物种）替换分子中的一个原子或基团。

（3）消除反应：通常涉及从分子（如水分子）中移除一个质子或一个分子，生成不饱和化合物。

（4）加成反应：通常不涉及电荷转移，而是两种反应物简单地结合在一起。

5. 有机合成的基本原理

有机合成是化学中一个关键的知识领域，专注于设计和执行化学反应来构建复杂的有机分子。因此，学生不仅要对有机反应机理有深刻的理解，还要能够预测反应的潜在问题和产物。

逆合成分析是有机合成中的一个核心概念，涉及从目标分子反向工作到已知的或容易获得的起始材料。学生需要识别并逆向拆解目标分子中的官能团和化学键，以确定合成路径所需的中间体和反应步骤。

学生在学习有机合成时需要掌握逆合成分析的技巧，包括识别关键的官能团转换、选择合适的起始材料和试剂，以及设计有效的反应序列。逆合成分析的目的是简化复杂的合成任务，并使其更加可控和可预测。

有机合成还涉及对反应条件的精细调控，包括对温度、溶剂、压力和催化剂的选择，以及对反应时间的控制。这些因素对合成的产率、产物的纯度都有重要影响。

（五）化学计量学

在高中化学教学中，化学计量学是连接化学理论与实验实践的桥梁，为学生提供了一套量化化学过程的工具和方法。

1. 摩尔的概念

摩尔是化学计量学中的基本单位，用于表示一定数量的粒子（原子、分子、离子等）。1摩尔的粒子数等于阿伏伽德罗常数，大约是 6.022×10^{23} 个粒子。学生需要理解摩尔不仅是数量的单位，而且是进行化学计算的基础。

2. 摩尔质量与摩尔体积

摩尔质量是1摩尔物质的质量，以克每摩尔（g/mol）为单位。摩尔质量与元素的相对原子质量或相对分子质量紧密相关。摩尔体积则是在标准条件下，1摩尔气体所占的体积，大约为22.4升每摩尔（L/mol）。学生应学会利用这些概念进行质量与粒子数目之间的转换。

3. 摩尔浓度

摩尔浓度（也称为物质的量浓度）是描述溶液中溶质粒子数浓度的量，单位是摩尔每升（mol/L）。学生需要掌握计算溶液的物质的量浓度的方法，并理解它在化学反应中的重要性。

4. 平衡化学方程式

平衡化学方程式是化学计量学中一项基础且重要的技能，能确保化学反应遵守质量守恒定律，即在一个化学反应中，反应前后各元素的原子数量保持不变。学生必须学会正确地为化学方程式配平，使化学方程式两边的每种元素的原子数量达到平衡。

平衡化学方程式的过程涉及在反应物和生成物的化学式前面添加合适的系数，这些系数表示各自分子或原子的数目。系数的选择必须使化学方程式两边的每种元素的原子总数相等。这个过程要求学生对原子结构和化学反应的基本原理有深刻的理解。

学生在学习如何平衡化学方程式时，还需要了解不同类型的化学反应，如合成反应、分解反应、置换反应和氧化还原反应等，因为这些反应类型会影响化学方程式的书写和平衡方式。

5. 化学反应的质量守恒

质量守恒定律是化学中的一项基本定律。该定律指出，在封闭系统中化学反应前后系统总质量是恒定不变的。这意味着反应物的总质量等于生成物的总质量，反映了原子在化学反应中的不可毁灭性。

学生应该深入理解质量守恒定律，并且能够运用化学计量学来预测与计算化学反应中反应物的需求量和生成物的产出量。通过平衡化学方程式，学生可以确定反应物和生成物之间的摩尔比例关系，从而根据给定反应物的量计算出理论上生成物的最大产出量，或者根据所需的生成物产出量计算出必要的反应物需求量。

学生还需要了解，在实际化学反应中可能会发生副反应，所以实际产出量与理论预测值之间存在偏差。因此，掌握化学计量学不仅包括平衡化学方程式的计算，还包括对实验条件的控制和对反应效率的评估。

6. 化学计量学在实验中的应用

在实验中，化学计量学不仅是理论分析的工具，更是实验设计和执行过程中的关键组成部分。学生需要掌握如何应用化学计量学的原理来精确计算实验中所需的各种试剂的量，以及如何根据化学方程式预测实验的结果。

在实验设计阶段，化学计量学可以帮助学生确定所需的起始材料的量，以确保反应的完全进行，或者生成物达到预期的量。

学生还应学会如何根据实验目标选择合适的测量单位和转换因子，以确保计算的准确性。例如，学生可能需要将实验中使用的物质的量浓度转换为质量或体积，或者根据实验条件调整化学方程式的系数。

化学计量学还涉及对实验数据的分析，包括误差分析和统计评估。通过这些分析，学生可以评估实验结果的可靠性，以及对实验方法进行优化。

（六）能量转换与热化学

在高中化学教学中，能量转换与热化学是理解化学反应本质的关键部分。

1. 能量的概念

能量是化学反应的核心概念之一。学生需要理解内能，即系统内部粒子的动能和势能之和。内能的变化通常与系统的状态变化相关联。

2. 焓变与熵变

焓变（ΔH）是系统在恒压条件下热力学性质的变化，是化学反应能量变化的重要参数。学生应学会计算焓变,以及使用标准生成焓和键能来估算反应的焓变。熵变(ΔS)描述了系统无序度的变化,与系统的自发性有关。学生需要理解熵的概念,并掌握如何应用吉布斯自由能(ΔG)来预测反应的自发性。

3. 热化学方程式

热化学方程式是描述化学反应及其能量变化(如热量的吸收或释放)的化学方程式。这种方程式不仅可以展示反应物是如何转化为生成物的,还可以提供反应过程中能量转换的具体信息。

学生在书写热化学方程式时,必须确保包含所有必要的信息,如反应物和生成物的物理状态(如 s 代表固态,l 代表液态,g 代表气态),以及反应发生时的温度和压力条件(这些条件对于准确描述反应的能量变化至关重要),以确保方程式准确。

热化学方程式通常伴随着一个数值,即反应的焓变。焓变表示在标准或指定条件下,反应过程中系统与环境交换的热量。焓变可以是正值,也可以是负值。若焓变为正值,则表示反应吸收热量(吸热反应);若焓变为负值,则表示反应释放热量(放热反应)。

4. 化学反应的能量计算

盖斯定律(也称为反应热加成性定律)指出,一个化学反应的焓变与反应途径无关,只与反应的起始状态和最终状态有关。这意味着,即使一个化学反应不能直接通过一个已知的标准化学反应来获得,也可以通过将多个已知反应组合起来间接计算其焓变的值。

学生需要学会应用盖斯定律来计算复杂或非标准化学反应的能量变化。这涉及先将目标反应拆解成一系列已知的、具有确定焓变的简单反应,然后通过数学操作(如乘法和加法)重新组合这些反应,以构建出目标反应。

在进行这些计算时,学生必须确保所有反应都在相同的温度和压力条件下,并且反应物和生成物的化学计量数在最终组合反应中保持平衡。

5. 热化学在实验中的应用

在化学领域,热化学不仅在理论研究中占有重要地位,而且在实验化学中的应用也同样重要。学生应该掌握如何设计和执行实验来测量化学反应的热效应,这通常涉及使用量热计等仪器来直接测定反应过程中释放或吸收的热量。

量热计是一种精确测量系统热量变化的装置,可以用于测定特定化学反应的焓变。通过量热计,学生不仅能够观察到放热反应(反应释放热量)和吸热反应(反应吸收热量)的热效应,还能够计算出反应的热化学方程式中焓变的值。

在实验设计中，学生需要了解如何控制实验条件，如温度和压力，以确保测量结果的准确性和可重复性。学生还应该学会如何根据实验数据计算反应的热效应，并将这些结果与理论预测进行比较。

（七）电化学

电化学作为化学的一个重要分支，对于学生理解物质的电子转移和能量转换过程至关重要。

1．氧化还原反应

氧化还原反应是涉及电子转移的化学反应，其中一种物质失去电子（氧化），而另一种物质获得电子（还原）。学生需要理解氧化还原反应的基本概念，学会识别氧化剂和还原剂，以及它们在反应中的角色。

2．电化学电池的工作原理

电化学电池是将化学能转换为电能的设备，基于氧化还原反应工作。原电池和电解池是两种主要的电化学电池类型，在能量转换过程中起着关键作用。

原电池是一种将化学能直接转换为电能的装置，通过自发的氧化还原反应在两个电极之间产生电流。在原电池中，一个电极（阳极）促进氧化反应，另一个电极（阴极）促进还原反应。这两个反应是共轭的，即它们在不同的电极上同时发生，电子通过外部电路从一个电极移动到另一个电极，从而形成电流。

与原电池的工作原理相反，电解池使用外加电压来驱动通常不会自发发生的氧化还原反应。在电解池中，外加电压强迫电子流向特定的电极，从而引发氧化反应或还原反应。

学生需要了解电化学电池的工作原理，包括电极上发生的具体反应的类型、电解质如何支持离子的移动及电流是如何形成的。电解质可以是液态，也可以是固态的。电解质的作用是允许带电粒子（离子）在电池内部移动，从而维持电荷的平衡和反应的进行。

3．电化学方程式的书写

电化学方程式的书写是描述电化学电池中发生的氧化还原反应的关键步骤。这些方程式不仅可以展示反应物是如何转化为生成物的，还可以揭示电子的转移过程。

学生在书写电化学方程式时，需要理解半反应的概念。在氧化还原反应中，半反应指的是反应的两个独立部分，即氧化半反应和还原半反应。氧化半反应涉及损失电子的过程，而还原半反应则涉及获得电子的过程。在电化学电池中，这两个半反应在不同的电极上发生，电子通过外部电路从一个电极移动到另一个电极，从而形成电流。

为了构建电化学电池的总反应，学生需要学会识别和组合适当的半反应。这通常涉及为每个半反应指定电极（阳极或阴极），并确保整个电池反应电荷守恒。

学生还应该了解如何使用标准电极电势（或标准还原电势）来计算电池的电动势（这是衡量电池在特定条件下能量转换效率的一个重要参数）。

4. 电化学电池的类型

电化学电池通过化学反应产生或使用电能，是现代社会中不可或缺的能量转换和存储设备。电化学电池的类型多样，每种电池都有其独特的工作原理、特点和应用场景。

（1）丹尼尔电池：一种经典的原电池，由锌阳极和铜阴极组成，电解质通常为硫酸锌和硫酸铜溶液。丹尼尔电池因其稳定性和相对较高的电压而闻名。

（2）燃料电池：通过连续供应燃料（如氢气）和氧化剂（如氧气）来产生电力。它们不存储能量，而是直接从化学反应中产生电能。燃料电池以其高效率和低排放而受到关注，适用于汽车、固定电站和便携式设备。

（3）锂离子电池：是一种可充电电池，使用锂化合物作为电极材料。锂离子电池因其能量密度高、使用寿命长和自放电率低而成为便携式电子设备与电动汽车的首选电池。

电化学电池不仅在便携式电子设备与电动汽车中有广泛应用，还在电网储能、备用电源和远程监测系统中发挥着关键作用。学生应了解这些电池的工作原理，包括它们的化学反应、电极材料、电解质类型，以及它们如何将化学能转换为电能。了解这些电池有助于学生认识到电化学在现代技术中的重要性。

5. 电化学在工业和环境科学中的应用

电化学在工业和环境科学中的应用极为广泛。在工业层面，电化学被用于实现金属的电镀（这是一种在物体表面覆盖一层均匀、附着力强的金属薄层的技术，常用于增强金属的抗腐蚀性、改善外观或提高耐磨性）。电化学精炼是提取和纯化金属（如铜、锌、镍）的有效手段，就是通过电解作用从合金或矿石中分离出高纯度的金属。

在腐蚀防护领域，电化学主要应用于防止或减缓金属结构的腐蚀，以保护建筑和基础设施免受自然因素的侵蚀。利用阴极保护技术，可以有效保护水下或地下的金属结构，如管道和船舶。

在环境科学中，电化学在污染控制方面发挥着重要作用。例如，利用电化学处理方法可以去除工业废水中的重金属和其他有害污染物，从而减少对环境的影响。同时，电化学在能源转换和存储技术中也扮演着关键角色，特别是在开发和改进电池技术方面，为太阳能和风能等可再生能源的存储提供了解决方案。

（八）溶液与胶体

在高中化学教学中，溶液与胶体作为物质的两种重要状态，对于学生理解化学反应过程中的质量传递和反应动力学具有重要作用。

1. 溶液的概念与特性

溶液是由两种或更多物质组成的均匀混合物，从宏观上看呈现单一相。学生需要了解组成溶液的溶剂和溶质，以及它们之间的相互作用。

2. 溶液浓度的计算

溶液浓度的计算是化学计量学中的核心技能，对于理解和预测化学反应的动态至关重要。学生必须熟练掌握表达溶液浓度的多种方法，包括物质的量浓度、质量分数和质量摩尔浓度。

（1）物质的量浓度：溶液中溶质的摩尔数与溶液体积（以升为单位）的比值。物质的量浓度是描述溶液中溶质粒子数量的常用方式，在化学反应的定量分析中非常重要。

（2）质量分数：也称为质量百分比，表示溶质的质量与溶液总质量的百分比。质量分数是一个无单位的数值，常用于工业配方和商业产品中，以表明某种成分在混合物中所占的比例。

（3）质量摩尔浓度（mol/kg）：是溶质的摩尔数与溶剂质量（以千克为单位）的比值。质量摩尔浓度在涉及不同溶剂或在溶剂质量对反应有显著影响的情况下特别有用。

学生在学习这些浓度的表达方式时，需要了解它们之间的转换关系，以及如何根据实验数据或给定的化学方程式进行计算。这些技能对于设计化学实验、优化工业生产过程、配制药物和进行科学研究来说都是必不可少的。

3. 胶体的定义与性质

胶体是一种特殊性质的分散系，其中分散相的粒子大小介于溶液和悬浮液之间。胶体系可以是液-固类型、液-液类型或气-液类型。学生需要了解胶体的基本性质，如稳定性、光学性质和电学性质。

4. 丁达尔效应和电泳

丁达尔效应和电泳是胶体科学中两个重要的概念。丁达尔效应是胶体特有的现象。当光线通过胶体时，由于胶体粒子的尺寸与光波长相近，会发生散射作用，因此光线的传播路径变得可见。这种现象常用于区分溶液与胶体，因为溶液中粒子的尺寸较小，不足以散射光线。丁达尔效应可以用于环境监测、光学仪器和某些医疗诊断技术中。

电泳是一种利用电场驱动带电粒子在流体介质中移动的技术。在胶体体系中，许多胶体粒子由于表面电荷的存在而带电，当施加电场时，这些带电粒子会向电荷相反的电极移动。电泳在蛋白质和核酸的分离、生物医学研究及某些工业分离过程中均有重要应用。学生应了解丁达尔效应和电泳的原理，以及利用它们如何解决实际问题。

二、培养学生的思维能力

高中化学教学还致力于培养学生的思维能力。

（一）逻辑推理能力

逻辑推理是科学思维的基石，涉及分析信息、构建假设、设计实验及解释结果。

为了培养学生的逻辑推理能力，教师可以设计充满挑战的化学问题和实验活动，鼓励学生探索不同化合物的性质，预测化学反应的结果，或者解释实验现象。这些活动要求学生不仅要掌握化学知识，还要能够运用这些知识来解决实际问题。

逻辑推理与科学方法紧密相连。学生在学习化学的过程中，应该掌握观察、假设、实验、分析等基本步骤，并通过逻辑推理来加强这些步骤之间的联系。在化学实验中，逻辑推理对于实验设计、数据分析和结果解释尤为重要。

运用逻辑推理能力，学生能够理解化学概念之间的内在联系，预测实验结果，并从实验数据中得出科学结论。在解决化学问题的过程中，学生需要运用逻辑推理能力来确保问题分析和解决方案的连贯性与合理性。

逻辑推理能力还有助于学生发展批判性思维，使他们能够评估科学论证的有效性，并从多个角度审视问题。这种能力对于学生未来的学术研究和职业发展来说都是宝贵的财富。

（二）批判性思维

高中化学教学旨在培养学生的批判性思维。批判性思维是学生分析问题、评估信息、构建论证和做出明智判断的关键。

培养批判性思维，有助于学生对化学知识进行深入的质疑和思考。它要求学生不仅要接受知识，而且要学会提出问题、分析假设、评估证据和推敲结论。这种思维方式有助于学生养成独立思考的习惯，提高科学素养和终身学习能力。

为了培养学生的批判性思维，教师可以采用多种教学策略。教师可以鼓励学生对化学概念和理论提出疑问，引导他们深入挖掘；教师可以设计开放性问题和探究性实验，让学生在解决实际问题的过程中培养批判性思维；教师还可以引导学生进行小组讨论，通过交流不同的观点和论证，提高他们的分析和评估能力。

在化学实验中，学生需要运用批判性思维来设计实验、分析数据和解释结果。在实验结束后，学生需要评估实验方法的有效性，检查数据的可靠性，推敲论证的逻辑性，以及从多个角度审视结论的合理性。

培养批判性思维还有助于学生识别和避免常见的认知偏差与逻辑谬误。在化学学习中，学生可能会遇到各种误导性的信息。培养批判性思维能够帮助学生识别这些信息，并运用科学方法来纠正错误。

（三）创造性思维

在高中化学教学中，培养学生的创造性思维是一项重要任务。创造性思维是指个体在面对问题时，能够产生新颖且有价值的想法和解决方案的能力。

为了激发学生的创造性思维，教师可以采取多种教学策略。教师可以设计探索性实验，让学生自由选择实验条件，开发自己的实验方案；教师可以组织创新竞赛，如化学知识竞赛或实验设计大赛，激发学生的创新热情；教师可以鼓励学生主动探索未知领域，开发新的实验技术，以及寻找解决复杂化学问题的方法。

在化学实验中，学生需要运用创造性思维来设计实验、选择试剂。例如，学生需要考虑不同的实验变量，探索多种可能的实验路径，以及从不同角度审视实验现象。

通过培养创造性思维，学生不仅可以超越传统思维模式，还可以养成独立研究的习惯。在高中化学学习中，学生可以尝试进行小规模的独立研究，如研究特定化合物的性质或开发新的合成方法，这不仅能提高学生的实验技能，还能培养他们的创新思维和科研能力。

（四）问题解决能力

高中化学教学的一个关键目标是提升学生的问题解决能力。在面对新的化学问题时，如果学生具备问题解决能力，就能有效地应用所学知识进行逻辑分析，制定解决方案，并最终解决问题。

问题解决能力是学生将化学知识应用于实际情境的关键技能。它要求学生不仅要理解化学原理，还要能够识别问题。为了提高学生的问题解决能力，教师可以设计一系列具有挑战性的案例。这些案例应该与学生的兴趣和日常生活相关，以提高他们的参与度。通过解决问题，学生可以练习如何将理论知识转化为实际操作。

教师可以鼓励学生在实验中遇到问题时，自主寻找解决方案。问题解决能力还包括能够评估和选择最佳的解决方案。学生应该学会权衡不同方案的优劣，评估实验的可行性和安全性，以及预测可能的结果。

培养学生的问题解决能力还需要加强他们的团队合作能力。通过小组讨论和合作，学生可以分享想法，互相学习，共同解决问题。这种合作过程有助于学生学会沟通、协调。

三、培养学生的实验技能

实验是化学教学的重要环节。通过实验，学生可以完成以下几个目标：

（一）理解科学方法

实验操作能够使学生亲身体验和深刻理解科学探究的基本步骤。从问题的提出、假设的建立、实验的设计、数据的收集、结果的分析到最终结论的得出，学生可以通过实验的每个环节逐步掌握科学方法。为了帮助学生理解科学方法，教师可以设计一系列精心规划的实验活动。通过这些活动，学生可以学会如何运用科学原理来解决实际问题。

（二）掌握实验操作技能

实验操作技能涉及一系列基本的化学实验技术，这些技术是进行科学探究和实验研究的基础。

掌握实验操作技能有助于学生准确地执行化学实验，包括但不限于称量、溶解、过滤、蒸馏、滴定等基本操作。这些技能对于确保实验数据的准确性和可靠性至关重要。

为了帮助学生掌握实验操作技能，教师可以提供充分的实践机会，让学生在实验室中动手进行实验。通过不断地练习，学生可以熟悉各种实验设备的使用，提高操作的熟练度和准确性。

在实验操作教学中，教师应该强调操作的标准化和规范化。学生需要学习如何正确地使用天平、量筒、烧杯、试管等实验仪器，以及如何按照标准的实验步骤进行操作。标准化的操作程序有助于减小实验误差，增强实验结果的可重复性。

实验操作技能的掌握还应该包括对实验数据的处理和分析。学生应该学会记录实验数据，绘制图表，以及使用统计方法分析数据。这些技能对于学生理解和解释实验结果，以及进行科学推断至关重要。

实验操作技能的掌握还需要强调安全意识。学生必须学会如何安全地使用化学品和实验设备，如何遵守实验室的安全规则，以及在紧急情况下如何采取正确的应对措施。这些技能对于保护学生的健康和实验室的安全至关重要。

（三）培养观察和记录的习惯

观察和记录是科学实验的两个基本要素。良好的观察力可以帮助学生捕捉到实验过程中的细微变化，而准确的记录习惯则是确保实验结果可追溯和可验证的关键。

1. 培养观察力

教师可以通过设计各种化学实验，鼓励学生观察反应过程中的颜色变化、气体产生、沉淀形成等现象。例如，在进行酸碱反应实验时，学生需要通过观察颜色指示剂的变化来判断反应的进行程度。通过这样的实践活动，学生的观察力将得到锻炼和提高。

2. 培养记录习惯

记录实验数据是科学实验中不可或缺的一部分。教师应指导学生系统地记录实验条件、所用试剂的量、观察到的现象及实验结果。这些记录不仅有助于学生在实验完成后对结果进行分析和讨论，还是其撰写实验报告和进行科学交流的基础。

3. 强调实验记录的规范性

教师需要强调实验记录的规范性，包括使用标准格式、书写清晰、准确记录数据，以及及时记录观察到的现象。良好的记录习惯有助于学生在实验结束后，回顾和分析实验过程，以及更好地理解化学概念和原理。

在培养观察和记录习惯的同时，教师还应结合安全教育，教导学生如何在实验中注意安全，如何观察潜在的危险信号，并及时准确地记录所观察到的数据或现象，以便采取适当的预防或应对措施。

四、培养学生的科学态度

高中化学教学还应该培养学生的科学态度。

（一）激发学生的好奇心和探索欲

学生不仅要学习化学知识，更要学会如何像科学家一样思考和探索。

好奇心是驱动学生深入学习化学的内在动机。教师应通过各种教学手段，如实验演示、科学故事讲解、化学游戏等，激发学生对化学学习的兴趣，引导他们主动提出问题。例如，教师可以通过展示化学反应中颜色的变化，吸引学生的注意力，引发他们对反应机理的好奇。

探索欲是学生主动学习的关键。教师应鼓励学生对化学现象进行深入探究，不能满足于表面的认识，而应追求更深层次的理解。在实验课上，教师可以设计开放式的实验任务，让学生自由选择实验条件，探索不同条件下的化学反应，从而培养他们的探索精神。

教师还应引导学生理解科学探究是一个不断试错和修正的过程。在实验中，学生可能会得出预期之外的结果，这时教师应鼓励他们分析原因，调整实验方案，而不是简单地接受失败。通过这样的过程，学生可以学会如何在实践中发现问题、分析问题和解决问题。

（二）培养学生对知识的尊重和怀疑精神

在高中化学教学中，培养学生对知识的尊重和怀疑精神是其养成科学态度的关键要素。这种态度鼓励学生在尊重已有科学成果的基础上，保持独立思考，对所学知识进行质疑与验证。

尊重科学知识意味着让学生认识到化学作为一门科学学科，其理论和实践都是经过严格实验和逻辑推理得出的。教师应引导学生了解化学原理的发展历史，明白每项化学发现和理论都是众多科学家长期努力的结果。

同时，教师应培养学生的怀疑精神，鼓励他们对知识持有一定的怀疑态度。这并不是反对或否定现有的知识，而是树立一种积极的、有建设性的态度，旨在通过质疑和探索来更深刻地理解化学概念。

在实验教学中，教师可以设计实验让学生复现经典化学实验，或者对某些化学现象进行探究，从而让他们亲身体验科学探究的过程。

教师应教导学生思考如何辨别信息的真伪，特别是在信息爆炸的时代背景下，面对海量的信息，要能够筛选出科学的、可靠的信息。这就要求学生不仅要有尊重知识的谦逊态度，还要有怀疑和验证的勇气。

通过这样的教学，学生将学会在尊重科学的基础上，保持独立思考的习惯，养成健康的怀疑精神。这将有助于学生在未来的学习、研究甚至日常生活中，形成更加严谨的科学态度，提高分辨是非的能力，为成为具有创新能力的人才奠定坚实的基础。

（三）培养学生客观分析实验结果的能力

在高中化学教学中，培养学生对实验结果进行客观分析的能力是科学教育的重要目标。这种能力要求学生在面对实验数据和结果时，能够超越个人的预期和偏见，公正地评估实验过程和结果。

客观分析实验结果的能力首先体现在对实验数据的准确记录和处理上。学生需要学会如何使用适当的测量工具，如何记录观察到的化学反应现象，以及如何整理和呈现数据。这些技能是进行科学分析的基础。

教师应指导学生学会设计实验，包括选择合适的实验方法、控制实验条件、多次重复实验。在实验过程中，应鼓励学生注意变量控制，使其意识到不同变量可能对实验结果产生的影响。

教师需要引导学生理解实验误差的存在，并教导他们如何减小误差。学生应学会使用统计方法来分析数据，理解误差范围，并对实验结果进行合理的解释。

在分析实验结果时，应教导学生避免因个人偏好或预期而产生的偏见。教师可以通过案例研究，展示科学家是如何客观分析实验数据的，即使结果与他们的假设不符。这种客观性是科学探究的核心。

教师应鼓励学生开展小组讨论，并分享各自的实验结果和分析过程。通过交流和讨论，学生可以学会从不同角度审视问题，提高自己的批判性思维能力。

教师应强调科学态度的重要性，即在实验和研究中保持诚实与公正，如在报告实验结果时如实反映实验过程和结果。

五、培养学生的终身学习能力

在知识更新极快的今天，终身学习成为每个人适应社会发展、实现自我发展的必要条件。高中化学教学应超越单纯的知识传授，引导学生培养终身学习的能力。

化学作为一门实验科学，始终处在不断的探索和发展之中。新的化学物质、新的反应机理、新的应用领域等都在不断涌现。教师要帮助学生意识到，化学知识不是一成不变的，而是随着科学实践的深入逐步完善的。

（一）培养自主学习能力

高中化学教学应重视培养学生的自主学习能力，包括自我探索、问题分析和知识创新等能力。教师可以通过设计研究性学习项目、开放性问题讨论等方式，鼓励学生主动寻找答案，培养独立思考的习惯。

（二）培养科学素养

高中化学教学还应注重培养学生的科学素养，包括科学思维、科学方法、科学态度等。通过化学实验、科学探究等活动，学生可以体验实验、探究的过程，培养严谨的科学态度和勇于创新的精神。

（三）掌握有效的学习策略

高中化学教学还应指导学生掌握有效的学习策略，如时间管理、笔记整理、信息筛选等。掌握这些策略有助于学生提高学习效率，更好地适应终身学习的要求。

第三节　高中化学教学评价

一、过程性评价的实施与策略

过程性评价是指在学生学习过程中对其进行的全面、动态的评价，重点关注学生的学习过程、学习策略和学习方法，而非仅仅关注学习成果。在高中化学教学中，采用过程性评价旨在帮助学生培养实验操作技能、实践能力、问题解决能力等。

在高中化学教学中，过程性评价作为一种重要的评价方式，旨在评估学生在学习过程中的能力、思维方式等，强调培养学生的综合素养和实际操作能力。

（一）过程性评价的实施

1. 制定评价标准

在高中化学教学中，制定一套科学、合理且具有操作性的评价标准是实施过程性评价的首要步骤。评价标准的设计需要细致周到，以确保评价的公正性、准确性和有效性。

评价内容应涵盖学生学习化学的多个方面，包括但不限于知识掌握、实验技能、思维能力、创新能力和学习态度等。这些内容的设定旨在全面反映学生的学习状态，促进学生在化学学科中的全面发展。

选择的评价方法应多样化，以满足不同评价内容的需求。例如，可以通过观察记录、实验报告、作业检查、小组讨论等方式来收集评价信息。每种评价方法都有其独特的优势和局限性，因此，合理搭配使用这些方法，可以更全面地反映学生的学习情况。

评价要求应明确具体，以便教师和学生都能清楚地知道评价的具体要求。评价要求应包括评价的时间、评价的具体指标等。明确的要求有助于学生有针对性地准备和参与评价，同时也能方便教师进行公正、客观的评价。

在制定评价标准时，还应考虑评价的可操作性。这意味着评价标准不宜过于复杂或难以实施，否则可能会影响评价的效率和效果。评价标准的可操作性也体现在评价工具的设计上，如评价表格、评分细则等应简洁明了，易于理解和操作。

评价标准的制定还应具有一定的灵活性，以适应不同学生的学习特点和教学的实际情况。评价标准的灵活性可以通过设置不同的评价等级或标准来实现，也可以允许学生根据自己的实际情况选择适合自己的评价方式。

2. 设计评价工具

在高中化学教学中，设计评价工具旨在准确捕捉学生的学习进展和表现，以便教师能够提供及时的指导。评价工具的设计应针对不同的评价目标而定，以确保评价的全面性和针对性。

评价工具的设计需要基于评价目标的具体要求。例如，实验报告评分表应包括对实验目的、原理、步骤、结果和分析等方面的评价，而课堂表现评分表则应侧重于学生的参与度、合作精神、提问和回答的质量等。

评价工具的设计应包含一系列具体的、可量化的评价指标。这些指标应能清晰地指导学生如何达到优秀的评价等级，同时能为教师提供评价的依据。例如，实验报告的评分可以细化为数据记录的准确性、实验步骤的完整性、结果分析的深度等。

评价工具的设计应考虑其可操作性。评价工具应简洁明了，易于理解和使用。这不仅有助于提高评价的效率，还能减少评价过程中可能产生的误解。

在设计评价工具时，还应考虑其与教学内容和学习目标的一致性。评价工具应与教学活动紧密相连，从而确保评价能够真实反映学生的学习成果。

3. 实施评价

在高中化学教学中，实施评价是过程性评价的核心环节。实施评价要求教师依据先前设计的评价工具和方法，对学生的化学学习进行系统的评估。这个环节的关键在于确保评价的公正性、透明性和有效性，以及通过评价促进学生的学习和发展。

实施评价首先需要确保所有参与者（学生和教师）都对评价标准和评价工具有清晰的理解。在评价开始之前，教师应向学生详细解释评价的目的、方法和标准，以确保学生清楚评价的流程和预期的结果。

评价的实施应贯穿整个教学过程，包括课堂学习、实验操作、作业完成和项目研究等各个环节。在每个环节中，教师都应使用相应的评价工具来收集学生的表现数据。例如，在课堂上，教师可以通过课堂表现评分表来评价学生的参与度；在实验课上，教师可以使用实验报告评分表来评估学生的实验技能和科学探究能力。

在实施评价时，教师应注重评价的客观性和公正性。这意味着评价不应受到个人偏好或主观判断的影响，而应基于学生的实际表现来进行。教师还应鼓励学生进行自我评价和同伴评价，这不仅能提高评价的全面性，还能培养学生的自我反思和批判性思维能力。

评价结果应及时反馈给学生，以便他们了解自己的优势和不足，并据此调整学习策略。反馈应具体、具有建设性，既要肯定学生的进步和成就，也要指出需要改进的地方。反馈还应提供明确的改进建议和下一步的学习目标，以指导学生的学习。

实施评价还应考虑学生的个体差异和发展需求。不同的学生可能需要不同的评价方法和反馈方式。因此，教师在实施评价时，应根据学生的具体情况灵活调整评价策略，以满足每个学生的学习需求。下面以课堂表现评价为例进行详细介绍。

在高中化学教学中，课堂表现评价着重于学生在课堂上的参与程度和对化学知识的理解能力。

课堂表现评价要求教师在教学过程中仔细观察学生的行为和反应。这不仅包括学生回答问题时所展现的思维深度，还涉及他们在课堂上提问的频率，以及与同学之间的讨论情况。通过这些行为，教师可以更准确地评估学生的参与度和理解水平。

教师应设计开放性问题，鼓励学生深入思考和积极回答。在学生回答问题时，教师应关注其答案的准确性、逻辑性和创新性。教师还应鼓励学生提出自己的见解和疑问，这不仅能促进学生批判性思维的发展，还能增强课堂的互动性。

课堂讨论是评价学生理解能力的重要环节。教师可以组织小组讨论，让学生就某个化学概念或实验现象进行探讨。在探讨过程中，教师应观察学生是否能够清晰地表达自己的观点，是否能够倾听并尊重他人的意见，以及是否能够通过讨论深化对化学知识的理解。

教师还应关注学生在课堂上的非言语表现，如专注度、反应速度和面部表情等。这些非言语表现可以反映学生对课堂内容的兴趣和理解程度。

为了使课堂表现评价更加客观和公正，教师可以制定一套评价标准和量化表。这些标准应涵盖学生的参与度、贡献度、合作精神和思维深度等方面。通过定期的课堂观察和记录，教师可以为每个学生建立课堂表现档案，以便在期末时进行综合评价。

教师应将课堂表现评价的结果及时反馈给学生，以帮助他们了解自己在课堂上的表现，并鼓励他们在今后的学习中继续努力。这种及时的反馈不仅能增强学生的自我认识，还能激发他们的学习动力。

4. 反馈与调整

在高中化学教学中，反馈与调整在过程性评价中直接影响评价效果的实现和学生的学习效果。有效的反馈能够为学生提供明确的学习方向，而及时的调整则能够确保教学活动更好地满足学生的学习需求。

在评价结束后，教师应尽快将评价结果和反馈信息传达给学生，以便学生能够迅速了解自己的学习状况，包括已取得的进步和需要改进的地方。这种及时性有助于学生保持学习的动力，并及时调整学习策略。

反馈应该是具体且有建设性的。教师在提供反馈时，应详细指出学生在哪些方面做得好，在哪些方面存在不足，以及如何改进。例如，对于化学实验报告的反馈，教师可以具体指出实验设计中的创新之处，同时在数据分析上给学生提出建议。

反馈还应该是个性化的。每个学生的学习情况和需求都是不同的，因此，教师在提供反馈时，应考虑学生的个体差异，并给予每个学生独特的建议和指导。这种个性化的反馈有助于学生感受到教师的关注，从而增强学习的自信心和动力。

在收集到学生的反馈后，教师需要对教学策略进行调整。这种调整可能涉及教学内容、教学方法、评价标准等多个方面。例如，如果发现大多数学生在某个化学概念上存在误解，那么教师可能需要重新设计相关的教学活动，采用不同的教学方法来帮助学生更好地理解这个概念。

同时，调整也应该是灵活的。教学策略的调整不应该是一次性的，而应该是一个持续的过程。教师应根据学生的持续反馈和学习进展，不断地调整和优化教学策略，以确保教学活动始终与学生的学习需求相匹配。

教师在进行反馈与调整时，还应考虑学生的参与度。鼓励学生参与到反馈与调整的过程中，可以提高他们的学习主动性和自我调节能力。例如，教师可以让学生参与到评价标准的制定中，或者在调整教学策略时征求学生的意见。

（二）过程性评价的策略

1. 注重过程记录

在高中化学教学中，过程性评价的策略之一是注重过程记录，该策略对于全面了解学生的学习进展和表现至关重要。过程记录不仅应包括学生的实验操作和作业完成情况，还应涵盖课堂讨论、小组合作、自我反思等多个方面。

过程记录应贯穿整个教学过程。从学生进入课堂，教师就应开始记录学生的参与情况，包括学生的出勤、课堂互动、提问和回答等。这些记录有助于教师了解学生的课堂参与度和思维活跃度。

在实验教学中，教师应详细记录学生的实验操作过程，包括实验前的准备、实验中的操作规范、实验后的数据分析等。这些记录不仅能反映学生的实验技能，还能反映学生的科学态度和探究精神。

过程记录还应包括学生的作业完成情况。教师应记录学生的作业提交时间、作业质量、作业错误类型等。通过这些记录，教师可以了解学生的学习习惯、学习方法和学习难点。

在进行过程记录时，教师应注意记录的客观性和公正性。记录应基于学生的实际表现，避免主观判断和偏见的影响。同时，教师还应注意保护学生的隐私，避免将记录信息公开或用于不当目的。

过程记录还应具有一定的灵活性和针对性。不同的学生可能需要不同的记录方式和关注点。教师应根据学生的具体情况，灵活调整记录的内容和方法，以更好地反映学生的学习进展。

过程记录应与评价反馈和教学调整紧密结合。教师应定期对过程记录进行分析和总结，并根据记录结果调整教学策略和评价标准，以更好地满足学生的学习需求。

2. 实施动态评价

在高中化学教学中，实施动态评价也是过程性评价策略之一。该策略强调评价应随着学生的学习进展和需求而改变，以确保评价的时效性和适应性。动态评价的核心在于其灵活性和个性化，要求教师能够及时捕捉学生的学习状态，并据此调整评价的内容和方式。

动态评价要求教师对学生的学习进展保持敏感。教师需要通过课堂观察、作业检查、实验评估等方式，持续跟踪学生的学习情况。这种持续的观察有助于教师及时发现学生在学习中遇到的困难和挑战，以及在某些领域取得的进步。

动态评价需要教师具备灵活调整评价内容和方式的能力。当发现学生的学习需求发生变化时，教师应迅速调整评价的焦点。在实施动态评价时，教师还应注重评价的及时性和互动性。评价不应是单向的，而应是一个师生互动的过程。教师应鼓励学生参与到评价中来，让他们了解自己的学习进展，参与到评价标准的制定中，并根据评价结果调整自己的学习策略。

过程性评价是一种全面、深入、细致的评价方式。在高中化学教学中，实施过程性评价需要教师和学生的共同努力。

二、结果性评价的多元化探索

结果性评价作为教育评价的重要方式之一，对于高中化学教育的发展至关重要。然而，传统的结果性评价往往局限于考试分数，无法全面反映学生的综合能力和学习效果。因此，探索高中化学教学中结果性评价的多元化成为当前教育改革的重要课题之一。

（一）多元化评价的实施策略

传统的考试评价往往只能考查学生的记忆和应试能力，无法全面反映学生的实际学习情况。多元化评价包括实验报告、项目作业、口头表达等形式，能更全面地反映学生的学习情况和能力发展，有利于培养学生的综合素质。

1. 实验报告评价

在高中化学教学中，实验报告评价是多元化评价重要的组成部分，旨在通过学生对实验的记录和分析，来评价他们的实验设计能力、数据处理能力和科学素养。

实验报告评价要求学生在完成实验后，能够撰写详尽的实验报告。学生需要展示他们对实验设计的理解，包括选择合适的实验方法、设置合理的实验条件及预测可能的结果。

数据处理能力是实验报告评价中的另一个关键点。学生必须能够准确记录实验数据，并运用适当的统计方法进行数据分析，从而得出合理的结论。

科学素养的培养也是实验报告评价的重要目标。学生在报告中应展现出对科学探究的尊重和理解，包括对实验误差的分析、对实验过程的反思，以及对实验结果的批判性思考等。

2. 项目作业评价

项目作业评价的核心在于设计具有探究性和挑战性的项目，让学生在解决实际化学问题的过程中展示其创新思维和实际操作能力。这些项目作业可以是化学实验的改进、新物质的合成、化学反应条件的优化等。

项目作业的设计应具有开放性，即允许学生根据自己的兴趣和能力选择研究的方向与方法。教师可以提供一些指导性的建议，但应避免过多的限制，以免抑制学生的创造力和自主性。

项目作业评价强调学生的动手实践能力。学生需要在实验中亲自操作，记录实验现象，收集和分析数据。这个过程不仅能够加深学生对化学知识的理解，还能够培养他们的实验技能和科学探究精神。

项目作业评价还注重评价学生的团队合作精神。在合作探究的过程中，学生需要相互沟通、协作，共同解决问题。教师应鼓励学生发挥各自的优势，共同完成项目任务。

3. 口头表达评价

教师需要创建兼具支持性和鼓励性的环境。通过小组讨论，学生可以在较小规模的环境中练习沟通技巧，并从同伴那里获得即时反馈。这种互动的活动有助于学生学习如何倾听、尊重他人观点，并有效地提出自己的论点。

个人展示为学生提供了展示其研究成果和深入理解化学概念的机会。在准备展示的过程中，学生需要组织思路、搜集信息，并以连贯的方式呈现内容，这不仅能锻炼学生的表达能力，还能加深他们对化学知识的理解。

教师应明确评价标准包括语言的清晰度、逻辑性、内容的深度和广度，以及批判性思维的展现。这些标准应在活动开始前向学生说明，以便他们知道如何评价自己和同伴的表现。

教师应提供具体的指导和反馈，以帮助学生识别和改进口头表达中的不足。这可以通过模拟演练、角色扮演或实时反馈等方式实现。教师的反馈应具体、具有建设性，以促进学生的持续进步。

口头表达评价应与其他评价方式相结合，如实验报告评价等，以形成全面的化学学习评价体系。这种整合性的评价方法能够更全面地反映学生的学习成果，从而帮助学生全面发展。

（二）多元化评价的优势和挑战

1. 优势

相比传统的单一评价模式，多元化评价具有显著的优势，这些优势不仅体现在评价过程本身上，更体现在它对学生学习过程和教师教学方式的积极影响上。

在高中化学教学中采用多元化评价能够全面反映学生的综合能力，如学生在知识点掌握、实验技能、创新思维及团队合作等方面的能力。教师通过进行多元化评价，可以更准确地了解学生的学习情况，发现学生的特长和潜能，从而进行个性化的教学和指导。

采用多元化评价有利于培养学生的创新意识和团队合作能力。在开放性的项目作业和小组讨论中，教师可以鼓励学生提出新颖的想法，探索未知的领域，这种探索精神是创新能力培养的重要基础。同时，团队合作项目要求学生相互协作，共同解决问题，这不仅能锻炼学生的沟通协调能力，还能培养他们的团队精神。

采用多元化评价还能促进教师角色的转变。教师从传统的知识传授者转变为学生学习过程中的引导者和促进者。教师会更加关注学生的学习过程，如通过观察、反馈和指导，帮助学生构建知识体系、提高自主学习能力。这种以学生为中心的教学方式，更符合现代教育理念，更能激发学生的学习兴趣和学习动机。

2. 挑战

在高中化学教学中实施多元化评价虽然具有多方面的优势，但也面临一些挑战。

多元化评价的实施对教师提出了更高的要求。教师不仅需要掌握多样化的评价方法，还需要提高评价的客观性和公正性。这意味着教师只有具备扎实的专业知识，了解不同评价工具的特点和适用场景，才能根据不同的教学目标和学生特点，选择或设计合适的评价方式。教师还要具备良好的评价素养，如对学生表现的敏感性、对评价标准的一致性、对评价结果的公正性。

学校和家长对于多元化评价的接受程度可能存在差异。一些家长可能更习惯于传统的考试成绩评价方式，对于多元化评价的理解和接受可能需要一个过程。这就要求学校和教师加强与家长的沟通，通过家长会、开放日等方式，向家长介绍多元化评价的理念、方法和意义，帮助家长理解这种评价方式为何可以更全面地评价学生的能力，促进学生的全面发展。

多元化评价的实施还需要学校的支持和配合。学校需要为教师提供培训和学习的机会，帮助教师掌握多元化评价的技能。同时，学校还需要建立相应的评价体系和制度，如制定明确的评价标准、规范的评价流程等，从而为多元化评价的实施提供保障。

多元化评价的实施还需要社会的理解和支持。教育部门和社会各界应认识到多元化评价在促进学生全面发展、提高教育质量等方面的作用，并为多元化评价的推广和实施创造良好的环境。

第四节 当代化学教学理念的核心思想

一、贴近生活实践

当代化学教学理念的核心思想之一是贴近生活实践。该理念强调将化学知识与学生的日常生活联系起来，使学生的学习过程更加具体、生动。如果采用贴近生活实践的教学方式，那么学生不仅可以更好地理解和应用化学知识，还可以增强学习兴趣和学习动力。

（一）运用生活化的教学内容

在贴近生活实践的教学中，教师可以选择与学生日常生活密切相关的化学内容。例如，教师可以介绍日常生活中常见的化学现象、化学反应或化学应用，让学生从身边的事物中感受化学的存在和影响。这种生活化的教学内容能够激发学生的学习兴趣，帮助他们更轻松地理解和接受化学知识。

通过将化学知识与学生的日常生活相结合，教师可以引导学生发现化学在生活中的广泛应用。例如，教师可以通过解释清洁剂中的化学成分、食品加工中的化学反应、药物的作用机制等,让学生认识到化学无处不在,对人们的日常生活会产生广泛的影响。这样的教学内容不仅能够使学生在学习中建立与生活的联系,还能够为他们提供更直观、更贴近实际的学习体验。

通过生活化的教学内容,学生能够更加主动地参与学习,因为他们能够将所学的知识直接应用到自己的日常生活中。这种实践性的学习方式不仅有助于加深学生对化学知识的理解和记忆,还能激发他们的学习兴趣和学习动力。通过引入丰富多彩的生活化教学内容,教师可以为学生打开化学世界的大门,让他们体验到学习化学的乐趣,从而培养他们对化学知识的兴趣。

(二)让学生参与实践性教学活动

贴近生活实践的教学理念着重于让学生亲自参与实践性教学活动、亲身体验化学知识。教师通过组织学生进行化学实验、观察化学现象、解决化学问题等,可以让他们通过亲身实践感受化学的奥妙和乐趣,提高实验技能和科学素养。实践性教学活动不仅可以激发学生的学习兴趣,还可以培养他们的动手能力和实际操作技能。

通过参与实践性教学活动,学生能够在实验室或课堂上动手操作,观察化学现象的发生和变化,从而更直观地理解化学理论和规律。通过实践,学生能够在实验过程中亲身体验化学知识的奇妙之处,从而增强对化学的好奇心。实践性教学活动还可以培养学生的观察力、思维能力和问题解决能力。

通过参与实践性教学活动,学生能够增强对化学知识的理解和记忆。实践性教学活动有助于学生更加深入地探索和体验化学知识,以及加深对科学研究和探索的认识。同时,通过参与实践性教学活动,学生还能够培养团队合作意识和实验室安全意识,以及提高实验技能和科学素养,从而为其从事科学研究或工程技术工作奠定坚实的基础。

(三)采用案例分析与问题解决方式教学

贴近生活实践的教学理念提倡采用案例分析与问题解决方式引导学生学习化学知识。教师可以选择与学生生活密切相关的化学案例,让他们参与问题的分析、解决方案的制定,并通过讨论和实践验证解决方案的有效性。采用这种教学方法不仅有助于加深学生对化学知识的理解,还能培养他们的问题解决能力和创新思维。

采用案例分析与问题解决方式教学有助于学生将抽象的化学理论与实际情况

相结合，从而加深对化学知识的理解。教师可以选取与学生生活相关的化学案例，如环境污染、食品安全、新材料应用等，让学生通过分析案例中的化学问题，提出解决方案，并探讨解决方案的可行性和有效性。

在高中化学教学过程中，学生需要善于思考、合作讨论，从而培养逻辑思维能力和团队合作意识。通过自主提出问题、探索解决方案，学生可以更深入地理解化学知识的本质，以及培养探究问题、解决问题的能力。通过实践验证解决方案的有效性，学生还能够提高实践能力和科学素养，为将来从事科学研究或工程技术工作做好准备。

二、科学探究

科学探究是指通过观察、实验、推理和交流等方法来探索自然现象与解决科学问题的过程。科学探究是高中化学教学中的核心组成部分，旨在培养学生的科学思维、实验技能、问题解决能力和科学态度。科学探究通常包括以下几个步骤：

（一）提出问题

在高中化学教学中，鼓励学生提出问题是引导他们进入科学探究世界的重要步骤。教师可以通过设计富有启发性的教学活动，将学生带入一个充满挑战的学习环境。例如，教师可以通过展示化学反应的奇异现象或日常生活中的化学应用，吸引学生的注意力，并促使他们思考背后的科学原理。

教师应鼓励学生积极观察。无论是在实验室中进行的实验，还是在日常生活中遇到的化学现象，都应成为学生提出问题的源泉。教师可以引导学生记录观察的结果，并思考可能的解释或进一步的问题。

教师需要培养学生的批判性思维，鼓励他们不能只接受表面现象，而是要深入探究科学本质。在学生提出问题后，教师应提供指导，帮助他们解决问题。

为了提高学生提问的质量，教师可以教授一些提问的策略和技巧，如如何形成有意义的问题、如何确保问题是可探究的，以及如何使用科学的语言来精确表述问题。

教师应鼓励学生从多个角度提出问题，而不是只局限于一个特定的方面。例如，学生可以探讨物质的性质、化学反应的机理，或者实验操作的改进等。这种多角度的提问有助于培养学生的全面思考能力。

（二）猜想与假设

在科学探究的过程中，猜想与假设是连接问题提出与实验验证的关键。教师应鼓励学生基于已有的化学知识和观察到的现象，对提出的问题进行合理的猜想。这种猜想不是随意的猜测，而是基于逻辑推理和科学原理的初步解释。

教师需要引导学生将猜想转化为具体的假设。假设是对猜想的进一步明确，应该是可操作、可以通过实验来验证的。教师可以通过提问（如你如何验证这个猜想？）来引导学生思考如何将猜想转化为可检验的假设。

教师应教授学生形成科学假设的技巧，包括如何使用条件句来表述假设，如何确保假设的可检验性，以及如何避免使用模糊或不明确的语言。教师还可以通过案例分析，展示科学家是如何形成和验证假设的。

在学生形成假设的过程中，教师应提供开放式的环境，鼓励学生大胆提出自己的想法，即使这些想法可能与现有的理论或常识相悖。教师应强调，科学探究是一个不断试错和修正的过程，错误的假设也是科学进步的重要部分。

教师应引导学生对提出的假设进行批判性思考。学生需要考虑假设的合理性、可能性及潜在的局限性。教师可以引导学生思考如下几个问题：第一，这个假设是否符合我们已知的化学原理？第二，我们是否忽略了其他可能的解释？

在学生形成假设后，教师应组织学生进行小组讨论，分享和评价各自的假设。通过讨论，学生可以相互启发，发现假设中的问题，并进一步完善自己的假设。

（三）实验设计

在科学探究的过程中，设计实验是验证假设的关键步骤。教师应引导学生明确实验目的，即验证他们提出的假设。实验设计应围绕实验目的展开，确保实验能够为假设的验证提供直接的证据。

教师需要帮助学生选择合适的实验方法，包括选择合适的实验类型（如定性实验、定量实验）、实验条件（如温度、压力）、实验材料（如药品、试剂）等。教师可以引导学生考虑实验的可行性、安全性、成本等因素，并选择最合适的实验方法。

教师应指导学生设计详细的实验步骤，包括实验的准备、操作、观察、记录等各个环节。教师应强调实验操作的规范性和准确性，从而确保实验结果的可靠性。

在设计实验的过程中，教师应鼓励学生进行创新和优化。学生可以尝试不同的实验方法，探索实验条件的最优组合，或者改进实验操作的技巧。教师应提供必要的支持和指导，从而帮助学生克服在设计实验的过程中遇到的困难。

教师应引导学生考虑实验的变量控制和误差分析。学生还应学会分析实验数据，评估实验结果的准确性和可靠性。

（四）进行实验与收集数据

在科学探究的实验阶段，学生将通过实践活动来验证他们的假设，收集数据，并观察实验现象。教师需要确保学生在实验前对实验的目的和步骤有清晰的理解，包括对实验的预期结果、可能的变量及如何控制变量的认识。

教师应指导学生正确使用实验仪器和材料（不仅包括仪器的操作技巧，还包括安全使用规范），以确保实验过程中学生的安全。

在实验过程中，学生应仔细观察实验现象，并准确记录实验数据。记录应包括所有相关的定量和定性观察，如时间、温度、颜色变化、沉淀形成等。

教师应强调实验记录的重要性，包括使用标准格式记录数据、注明实验条件，以及对异常情况的备注。良好的记录习惯对于后续数据分析和实验报告的撰写至关重要。

教师还应引导学生在实验中进行实时的思考和讨论。教师应鼓励学生对观察到的现象提出可能的解释，并将这些解释与他们的假设进行对比，以加深理解。

教师应提醒学生注意实验中的变量控制，如确保实验组和对照组之间的唯一变量，以及在实验过程中保持其他条件的一致性。

在实验结束后，教师应指导学生整理和分析收集到的数据，包括使用图表和图形来展示数据，以及运用统计方法来分析数据的趋势和模式。

（五）分析与论证

在科学探究的分析与论证阶段，学生将处理和解释他们通过实验收集到的数据，以验证假设并得出结论。教师应指导学生对收集到的数据进行初步的整理，包括分类、排序和计算平均值等。良好的数据组织有助于学生更清晰地观察数据特征和趋势。

教师应教授学生使用图表工具（如条形图、折线图、散点图等）来可视化数据。图表可以帮助学生直观地理解数据之间的关系，发现潜在的模式或异常。

在数据分析过程中，教师应引导学生运用统计方法来评估数据的可靠性和显著性。例如，学生可以通过计算标准差来衡量数据的离散程度，或者使用 t 检验来确定两组数据是否存在显著差异。

教师应鼓励学生对实验结果进行批判性思考。学生需要考虑实验数据是否支持他们的假设，以及是否存在其他可能的解释。教师可以引导学生提出问题，如实验结果与预期一致吗？如果不一致，可能的原因是什么？

在得出结论时，教师应指导学生基于数据分析的结果，清晰、准确地表述发现。结论应简洁明了，直接回应研究问题和假设。

教师应引导学生对整个实验过程进行反思，包括实验设计、数据收集和分析等各个环节。学生需要考虑实验中可能出现的局限性和偏差，以及如何改进未来的实验。

教师应鼓励学生将实验结果与现有的化学知识和理论相联系。学生应学会将实验发现融入更广泛的科学背景中，以形成对化学现象更深入的理解。

（六）交流与评价

在科学探究的交流与评价环节，学生将展示他们的实验成果，并通过讨论和反馈来提升科学探究能力。教师应鼓励学生准备一份详细的实验报告，该报告中应包括实验的目的、方法、结论等。教师可以提供撰写报告的指导说明，包括如何组织内容、如何清晰表达，以及如何使用图表和数据支持论点。

教师可以组织学生通过口头报告或海报展示的方式向同伴介绍自己的实验。这种交流形式不仅能锻炼学生的表达能力，还能让他们从同伴那里获得宝贵的反馈。

在交流过程中，教师应引导学生学会倾听和提问。学生应学会尊重他人的观点，同时要勇于提出自己的疑问和建议。教师可以引导学生提出建设性的问题，如你的实验结果是否与预期一致？你认为可能影响实验结果的因素有哪些？

教师应教授学生如何评价和反思实验过程。学生需要考虑实验设计是否合理、数据收集是否准确、分析方法是否恰当，以及结论是否可靠。教师可以提供评价的标准和框架，以帮助学生进行系统性的反思。

在评价过程中，教师应鼓励学生采取开放和客观的态度。学生应认识到，即使是失败的实验也有其价值，因为它们提供了学习和改进的机会。教师可以引导学生思考如何改进实验设计，或者如何更有效地分析数据。

教师应组织学生进行小组讨论，让他们分享实验成功的经验或失败的教训。通过讨论，学生可以获得不同的观点和想法，从而加深对实验的理解。

教师应重视对学生交流和评价过程的指导与反馈。教师应提供具体的建议，帮助学生提高报告的质量，同时要表扬学生的努力和进步。

三、社会责任与伦理教育

社会责任与伦理教育是当代化学教学理念核心思想的重要组成部分。它要求化学教育不仅要传授化学知识，更要培养学生的社会责任感和伦理意识。

（一）培养社会责任

化学学科作为自然科学的一个重要分支，对社会发展具有深远的影响。在高中化学教学中，培养学生的社会责任感对于其成长为优秀的化学工作者来说很关键。

化学学科在推动技术创新、改善人类生活方面发挥着不可替代的作用。从合成新材料用于满足工业需求，到开发新药物用于治疗疾病，化学学科的研究成果被广泛应用于各个领域。因此，高中化学教学需要让学生明白，化学工作者的工作和研究能够对社会产生积极的影响。

化学生产也可能对环境造成影响，如化学污染、有毒化学品泄漏等会对生态系统和人类健康构成严重威胁。高中化学教学应当注重培养学生的环境保护意识，让他们认识到在化学研究和应用过程中必须采取措施减少对环境的负面影响。

（二）培养伦理意识

在高中化学教学中，培养学生的伦理意识至关重要。化学研究和应用在推动科技进步与社会发展的同时，也伴随着伦理挑战。

高中化学教学需要通过案例分析，让学生直面化学研究和实践中的伦理问题。例如，以实验动物的使用为主题，学生可以探讨如何在科学研究和动物福利之间找到平衡点。这种讨论不仅有助于学生理解伦理决策的复杂性，还可以鼓励他们制定自己的伦理准则。

教师应引导学生理解化学危险品管理的重要性。通过介绍化学物质对人类健康和环境可能造成的危害，学生可以学习如何安全地处理和存储化学品，以及如何在紧急情况下采取适当的应对措施。这种教育有助于学生认识到他们将来作为化学工作者所应承担的责任。

高中化学教学还应包括对化学学科在社会中所承担的角色的讨论。学生需要了解化学研究如何影响社会,包括其在食品添加剂、药品开发和能源生产中的应用。通过这些讨论,学生可以认识到化学学科可能对社会产生的广泛影响,并思考如何在化学实践中体现伦理准则。

教师还应鼓励学生参与伦理决策的模拟活动。通过模拟实验设计、风险评估和政策制定等过程,学生可以在安全的环境中练习伦理决策,并从中学习如何在实际工作中应用这些技能。

教师应作为伦理行为的榜样,通过自己的行为展示对伦理准则的尊重。教师的态度和行为对学生的影响是深远的,因此,教师需要在课堂上和实验室中树立高标准的伦理行为。

(三) 科学与社会的联系

高中化学教学的核心不仅在于传授化学知识,还要展示化学是如何与社会的需求和发展紧密相连的。

高中化学教学应通过实际例子来展示化学在解决社会问题中的作用。例如,通过介绍化学在开发可持续能源、净化水质、减少污染等方面的应用,学生可以直观地看到化学学科对于提高人们生活质量和保护环境的重要性。

教师可以通过讨论化学在医药发展中的贡献,如新药的合成、疾病机理的研究等,来强调化学对人类健康的贡献。这有助于学生理解化学知识的实际应用价值,从而增强他们对化学学科的兴趣和认识。

高中化学教学还应当包括对化学工业的介绍,包括化学工程技术在生产化肥、塑料、药品等产品中的应用。通过了解化学产品的制造过程和它们的用途,学生可以更好地理解化学工业对经济发展的贡献。

教师还应引导学生思考化学研究和应用可能带来的社会影响。例如,通过讨论某些化学物质对环境的潜在危害,学生可以学习如何平衡科技进步和环境保护的关系。

(四) 塑造科学精神

在高中化学教学中,塑造学生的科学精神是培养他们成为未来负责任的科学工作者的重要环节。科学精神的内涵丰富,包括对真理的追求、创新的勇气及质疑的态度等,这些品质对于化学研究和实践至关重要。

高中化学教学应强调实证主义的重要性,即所有科学理论和假设都必须建立在可观察、可重复的实验基础之上。

教师应鼓励学生勇于探索未知领域，培养创新思维。教师可以通过介绍化学领域的前沿研究和未解之谜，激发学生的好奇心和探索欲。同时，教师应提供开放式的学习环境，鼓励学生提出新想法。

高中化学教学应注重培养学生敢于质疑的精神。学生应该学会质疑现有的理论和观点，通过批判性思维来评估科学信息的可靠性。教师可以通过讨论历史上科学理论的变迁，如从燃素学说到氧化学说的转变，来展示科学知识的发展是一个不断演进的过程。

第二章　高中化学课程设计原理

第一节　高中化学课程设计的基本原则

高中化学课程设计是一项复杂而重要的工作，需要综合考虑学生的学习需求、认知发展、科学素养，以及未来的教育和职业发展。本节主要介绍设计高中化学课程时需要遵循的一些基本原则，这些原则用于指导课程内容的选择、教学方法的采用及评估方式的确定。

一、以学生为中心原则

在高中化学课程设计中，以学生为中心原则是核心理念之一。该原则强调课程内容、教学方法、评估方式都应围绕学生的需求和兴趣来设计。

（一）理解学生需求

在高中化学课程设计中，以学生为中心原则要求教师在课程开发前必须全面掌握学生的特点和需求，包括学生对化学的兴趣点、倾向于采用的学习方式、当前的认知发展阶段，以及对未来可能的职业道路的设想。为了满足学生的需求，教师可以采取多种方法，如发放调查问卷、进行面对面访谈，以及在课堂上细致地观察学生的行为和反应等。通过这些方式，教师可以收集到关键信息，从而设计出可以满足学生实际需求的课程内容。

（二）激发学生的学习兴趣

激发学生对高中化学课程的兴趣是提升教学质量的关键。化学在日常生活中的应用很广泛，教师可以利用这一点来吸引学生的注意力。例如，教师通过讲解化学在食品、医药、环境保护等领域的实际应用，可以让学生看到化学知识的实际价值。

化学实验的直观性和互动性是激发学生学习兴趣的有力途径。教师可以通过展示实验中的奇妙现象，如颜色变化、气体产生等，让学生直观感受到化学的魔力。此外，教师也可以引入与学生个人兴趣相关的化学话题，如他们喜爱的科技产品中的化学成分，或者流行文化中的化学元素，从而提升其学习动力。

（三）培养学生的自主学习能力

在高中化学教学中，培养学生的自主学习能力是实现以学生为中心的教学理念的重要方面。教师应转变为学生学习的引导者和协助者。为此，教师应提供多样化的学习资源，包括但不限于教科书、参考书籍、在线课程和科学网站，以满足不同学生的学习需求。

通过这些资源，学生能够根据自己的兴趣和节奏进行探索与学习。教师应教授学生有效的信息检索技能，指导他们如何评估网络信息的可靠性，并鼓励他们批判性地思考所学内容。教师可以引导学生制订个人学习计划，包括短期计划和长期计划，以及拟定完成计划的具体步骤。这不仅有助于学生明确学习方向，还能培养他们的时间管理和自我监控能力。

自主学习还包括鼓励学生提出问题、独立思考和主动探索。教师可以通过设置开放性问题和研究项目，激发学生的好奇心和探究欲，促使他们主动寻找答案，从而加深对化学知识的理解。

（四）尊重个体差异

由于每个学生的学习能力和兴趣点存在差异，因此高中化学课程应当提供多样化的学习内容和路径，以满足不同学生的需求。

教师可以实施差异化教学策略，为不同水平的学生提供适宜的学习材料。例如，对于基础较薄弱的学生，教师可以提供额外的辅导和练习，以帮助他们巩固基础知识；而对于能力较强的学生，教师可以设计更深入的探究活动和高阶思维训练，以挖掘他们的学习潜能。

教师还应鼓励学生根据自己的兴趣选择学习主题。教师可以通过项目式学习（project based learning，PBL）、研究性学习等方式，让学生在感兴趣的领域进行深入探索。这种个性化的学习方式不仅能够激发学生的学习动机，还能够促进他们综合能力的发展。

（五）注重情感教育

在高中化学教学中，情感教育是不可或缺的一部分，并且与知识传授同样重要。教师需要关注学生的情感体验，为学生提供温馨的学习环境。良好的师生关系不仅有助于增强学生的安全感和归属感，还可以促进他们的积极参与和深入学习。

情感教育还涉及对学生价值观的引领和塑造。教师应通过化学知识的实际应用，引导学生思考科学与社会的关系，培养他们的社会责任感。同时，教师还可以通过团队合作的实验和项目，培养学生的合作精神和集体荣誉感。

教师应鼓励学生表达自己的观点，尊重他们的选择，认可他们的努力，这有助于提升学生的自信心和自我效能感。

二、实践性原则

化学是一门实验科学，实验教学是化学课程的核心组成部分。通过实验，学生可以直观地观察化学反应的过程，验证化学原理，加深对化学知识的理解。

实践性原则是高中化学课程设计中的一个重要原则，强调通过实验和实践活动来加深学生对化学知识的理解，以及培养他们的实验技能和科学探究能力。

（一）安全教育

实践性原则的核心之一是安全教育。化学实验是学生理解化学概念和原理的重要手段，但同时也伴随着潜在的安全风险。因此，确保学生在实验前充分接受安全教育至关重要。

教师需要向学生明确实验室的安全规则，包括但不限于穿戴适当的防护装备，如安全眼镜、实验服、手套等。同时，学生必须学会正确处理危险化学品，了解如何安全地存储、使用和处置这些化学品。教师应教授学生在紧急情况下的应对措施，如在发生火灾、化学品泄漏时的急救方法。

通过模拟实验和角色扮演等互动教学方法，学生可以提高安全意识和实际操作能力。定期的安全培训和考核有助于巩固学生的安全知识。在实验过程中，教师应密切监督学生的实验操作，及时纠正不安全的行为，以确保实验的顺利进行。

安全教育不仅是化学实验的前提，还是培养学生责任感和自我保护能力的重要途径。

（二）培养基本实验技能

在高中化学教学中，培养学生的基本实验技能可以为学生提供进行科学探究和实验操作的基础。为此，在高中化学实验教学中，教师需要系统地教授学生如何正确使用常见的化学实验仪器，包括但不限于天平、量筒、滴定管等，并指导他们掌握溶液配制、滴定、萃取等基础化学实验操作。

实验技能的培养应从基础操作开始，逐步过渡到更复杂的实验技术。教师可以先演示实验，向学生展示正确的操作方法，然后监督学生进行实践，以确保他们能够准确无误地执行每个步骤。教师应鼓励学生记录实验过程和结果，培养他们的实验记录习惯。

通过不断练习和教师的及时反馈，学生能够逐渐提高实验技能，增强实验设计和问题解决能力。这种技能的培养不仅有助于学生在化学领域的深入学习，也是他们未来从事科学研究或相关职业的重要基础。

为了增强实验教学的效果，教师还可以利用现代教育技术工具，如模拟软件和虚拟实验室，来辅助实验教学，特别是在资源有限的情况下。这些工具可以提供安全的实验环境，让学生在没有风险的情况下练习和掌握实验技能。

（三）撰写实验报告

在高中化学教学中，撰写实验报告是培养学生科学素养和表达能力的重要环节。实验报告不仅能记录实验的过程和结果，还能体现学生对实验的深入思考和理解。

学生在撰写实验报告时，需要明确实验目的和所依据的化学原理，这有助于学生对实验有整体的认识。此外，学生应详细记录实验的每个步骤，包括所用的化学试剂、仪器设备及具体的操作方法，以确保报告的可重复性。

数据记录是实验报告的关键部分。学生应学会准确记录实验数据，并进行适当的图表展示，从而使数据信息清晰、直观。在结果分析部分，学生需要运用化学知识对实验数据进行解释，分析实验结果是否符合预期，并探讨出现偏差的原因。

结论部分是实验报告的总结。学生应基于实验结果和分析，提出自己的见解和结论。这个过程不仅能锻炼学生的逻辑思维能力，还能提高他们的科学表达能力。

教师在指导学生撰写实验报告时，应强调规范性和科学性，帮助学生养成良好的实验记录习惯。同时，教师应鼓励学生进行批判性思考，不仅限于实验操作，更应深入实验原理和结果分析中，以培养他们的探究精神和创新能力。

第二节　高中化学课程内容的选择与组织

高中化学作为一门重要的自然科学学科，不仅是培养学生科学素养和实践能力的重要途径，还是为学生未来在相关领域深造提供基础知识的重要环节。高中化学课程内容的选择与组织至关重要，直接影响学生对化学学科的理解。

一、课程内容选择的原则

在选择高中化学课程内容时，应遵循以下原则：

（一）基础知识与前沿科技相结合

在选择高中化学课程内容时，教育工作者需要将化学的基础知识与前沿科技相结合，以确保学生不仅能够掌握化学的核心原理，而且能够理解化学在现代社会中的实际应用和未来的发展方向。这种结合可以激发学生的兴趣，提高他们对化学学科的认识，并为他们将来的学术研究或职业发展奠定坚实的基础。

化学基础知识（如原子理论、化学键、化学反应类型、化学计量学及有机化学等）是构建课程的基石。掌握基础知识不仅能帮助学生理解化学现象，还能为他们学习更高级的化学知识奠定必要的基础。

将前沿科技融入课程内容，学生可以了解化学是如何与现实世界联系的。例如，通过讨论太阳能电池的化学原理、塑料污染的环境影响、纳米技术在药物传递中的应用等，学生可以了解化学知识在解决实际问题中的作用。

教师应鼓励学生参与科学探究，培养他们的批判性思维和问题解决能力。这可以通过实验、项目研究、案例分析和讨论等方式实现。例如，学生可以设计实验来探究不同条件下的化学反应速率，或者通过研究某种化学物质对环境的影响来了解化学与可持续发展的关系。

课程内容的选择还应考虑学生的认知发展水平和学习需求。这意味着教师需要评估学生对化学概念的掌握程度，并根据他们的理解能力调整教学策略。课程内容应有一定的灵活性，以适应不同学生的学习节奏和兴趣点。

（二）注重知识体系的系统性与完整性

高中化学课程内容的选择需要注重知识体系的系统性与完整性，以确保学生能够全面理解化学学科的基本概念、原理和方法。这种系统和全面的教学不仅有助于学生形成坚实的化学知识基础，而且能够促进他们对化学学科的深入认识和跨学科的综合应用。

高中化学课程应从原子和分子的结构开始，逐步引导学生了解化学键的形成、化学反应的类型和条件、化学计量学的应用，以及物质的分类和性质。这种由浅入深、由具体到抽象的教学顺序，有助于学生逐步建立化学知识的基本框架。

课程内容应涵盖化学的各个分支领域，包括无机化学、有机化学、物理化学、分析化学和生物化学等。通过对不同分支领域的学习，学生可以了解化学学科的广度和深度，以及不同化学领域之间的联系和区别。

课程设计应注重化学实验的重要性。通过实验操作，学生可以亲身体验化学反应的过程，加深对化学原理的理解。实验不仅能提高学生的实践能力，还能培养他们的观察力、分析力和创新思维。

（三）难易适中，循序渐进

在高中化学课程内容的选择上，教育工作者应精心设计，以确保教学内容既不会过于简单，让学生感到无聊，也不会过于复杂，让学生感到沮丧。选择高中化学课程内容的关键在于找到难度合适的水平，使学生能够在挑战中成长，同时可以保持对化学学科的兴趣和好奇心。

为了实现这个目标，高中化学课程应该遵循学生的认知发展规律，从基础知识入手，逐步过渡到更高级的概念和技能。例如，可以从介绍原子结构和化学元素的基本概念开始，逐步引入化学键、化学反应和化学计量等更复杂的概念。

课程内容的安排应该是由浅入深、循序渐进的。例如，在学生掌握了基础的化学知识后，再引入更复杂的化学反应机理、有机化学结构和化学分析方法等。这种逐步提升难度的方法有助于学生建立自信心，因为他们可以在已经掌握的知识的基础上，逐步学习新的内容。

教师需要关注学生的兴趣和特点，因为不同学生对化学的不同领域可能会有不同的兴趣。教师通过提供多样化的学习材料和活动，不仅可以激发学生的学习热情，还可以促使他们更加积极地投入化学学习中。例如，对于那些对实验操作感兴趣的学生，可以增加实验课的比例；对于那些喜欢理论研究的学生，可以提供更多关于理论探讨的机会。

课程内容的选择还应该考虑学生未来的发展需要。高中化学课程的设计，不应仅仅局限于帮助学生顺利通过考试，更是为了培养学生的科学素养和终身学习能力。因此，课程内容应该与学生未来的学术研究或职业发展相联系，以帮助他们培养对化学学科的兴趣。

（四）具备前瞻性与实用性

高中化学课程内容应当具备前瞻性与实用性，这不仅能激发学生对化学学科的兴趣，还能为他们未来的学习和职业发展奠定坚实的基础。前瞻性意味着课程内容要紧跟化学学科的前沿发展，而实用性则强调要将化学知识与现实世界的问题相结合，从而让学生认识到化学在解决实际问题中的价值。

高中化学课程内容应包含化学领域的前沿科技，如新型材料的开发、清洁能源技术、环境治理和药物设计等。通过介绍这些前沿话题，学生可以了解化学是如何推动科技进步和社会发展的，从而增强他们对化学学科的认识和兴趣。

高中化学课程内容应与学生的实际生活紧密相关。例如，通过讨论化学在食品安全、健康保健、家居产品和工业生产中的应用，学生可以直观地感受到化学知识的实际价值。这种注重实用性的教学方法有助于学生建立化学知识与日常生活之间的联系。

课程内容的选择应考虑不同学生的兴趣和特长，以提供多样化的学习路径。对于那些对化学研究有浓厚兴趣的学生，教师可以为他们提供更深入的理论研究和实验操作机会；而对于那些对化学应用更感兴趣的学生，教师可以为他们提供更多与实际生活相关的案例分析和实践活动。

此外，高中化学课程内容应不断更新和优化，以适应化学学科和社会的发展。这就需要教师与科研机构、高等院校和工业界紧密合作，以及时引入最新的科研成果和实际应用案例。

二、课程内容组织的原则

在组织高中化学课程内容时，应遵循以下原则：

（一）知识点的串联与联系

教育工作者在组织高中化学课程内容时需要精心设计，以确保知识点之间形成有效的串联与联系，从而帮助学生构建系统化和逻辑化的知识结构。这种知识体系的构建对于学生深入理解化学概念、原理和过程至关重要。

高中化学课程应该从基础的原子理论开始，逐步引导学生了解原子如何通过化学键结合成分子，以及这些分子如何参与化学反应。通过这种逐步深入的方式，学生可以逐渐理解化学现象背后的基本原理。

高中化学课程应该展示不同化学分支之间的联系，如无机化学与有机化学之间的联系、化学与物理之间的联系，以及化学在生物学中的应用。这种跨学科的联系有助于学生认识化学与其他学科的紧密联系。

教师可以通过案例研究、问题解决和实验探究等教学方法，将抽象的化学概念与实际问题联系起来。例如，通过分析环境污染问题，学生可以学习化学反应的原理，以及化学在环境保护中的应用。这种实际应用的教学不仅能够提高学生的实践能力，还能够增强他们对化学知识的兴趣和认识。

课程内容的组织还应该考虑学生的认知发展水平和学习需求。教师应该根据学生的接受能力，合理安排知识点的难度和深度，以确保学生能够在已有知识的基础上，逐步掌握新的化学概念。

课程内容的组织应该具有一定的灵活性，以适应不同学生的学习节奏。对于那些对化学有浓厚兴趣的学生，可以提供更深入的选修课程或研究项目；而对于那些需要更多时间来消化知识的学生，则应提供额外的辅导和支持。

教师应该定期评估和反思课程内容的组织效果，以及时调整和优化教学策略。这包括收集学生的反馈、分析学生的学习成果，以及参考最新的教育研究和化学学科的发展。

（二）理论与实践相结合

化学是一门以实验为基础的学科，很多理论知识往往需要通过实验操作来实现。因此，高中化学课程内容的组织应当注重理论知识与实验技能的相互补充和相互促进，以帮助学生全面深入地理解化学原理和规律。

理论知识是化学学习的基础。学生需要掌握化学的基本概念，如原子结构、化学键、化学反应类型等。这些基础知识为理解更复杂的化学现象提供了必要的前提。在讲授理论知识时，教师应采用多种教学方法，如讲解、讨论、多媒体展示等，以增强学生的理解力和记忆力。

然而，理论知识的学习并不应停留在抽象的记忆层面。化学实验是检验理论、深化理解的重要手段。通过实验，学生可以直接观察化学反应的过程，验证化学理论，从而深化对化学知识的认识。实验教学还能够帮助学生提高科学探究能力，包括观察、分析和推理等方面的能力。

为了实现理论与实践的有效结合，高中化学课程应当包括一系列与理论教学相配套的实验活动。这些实验活动应当涵盖基础实验技能的训练，如使用实验仪器、进行化学测量和数据分析等，以及更高级的探究性实验，如设计实验方案、独立进行科学探究等。

课程内容的组织还应当鼓励学生将实验结果与理论知识相联系。在实验结束后，应当引导学生进行反思和讨论，思考实验现象背后的化学原理，以及实验结果与理论预测之间的一致性和差异。

课程内容的组织还应当考虑学生的安全。化学实验往往涉及有害物质和操作风险，因此，学生必须在教师的指导下，遵守实验安全规程，学习如何安全地进行实验操作。

（三）运用多媒体技术

在高中化学课程内容的组织与呈现过程中，应用多媒体技术可以极大地增强教学效果，将抽象复杂的化学概念和过程以直观且生动的方式展现出来。教师可以利用 PPT、视频、动画、模拟软件等多媒体工具传递信息，以增强学生的学习体验。

多媒体技术可以辅助展示化学实验的微观过程，如分子和原子之间的相互作用，这是传统教学手段难以实现的。通过动画和视频，学生可以清晰地看到化学反应的每个步骤，理解反应机理，从而加深对化学原理的认识。

多媒体教学可以提供丰富的化学学习资源，如化学结构模型、实验操作视频、科学讲座等，这些资源可以拓宽学生的视野，拓展学习的深度和广度。学生可以通过观看高清的实验视频，学习规范的实验操作，减少实际操作中的错误。

多媒体技术还可以用于创设情境，激发学生的学习兴趣。例如，通过展示化学在日常生活中的应用，如食品添加剂、清洁剂、塑料制品等，学生可以更直观地感受化学与日常生活的密切联系，从而提高学习的积极性。

在课程内容的组织上，多媒体技术的运用还应当注重互动性。教师可以设计互动式的 PPT，让学生在课堂上回答问题，或者利用在线模拟软件，让学生亲自操作，进行虚拟实验。这种互动性可以提高学生的参与度，增强其学习动力。

多媒体教学还应当考虑学生的个性化学习需求。教师可以根据学生的学习进度和兴趣，提供不同难度和类型的多媒体学习材料，如基础概念视频讲解、进阶专题讲座、阅读材料拓展等，以满足不同学生的学习需求。

多媒体技术的应用还应注重安全性和适宜性。在使用多媒体资源时，教师需要确保信息的准确性和科学性，避免误导学生。同时，多媒体教学应当与学生的其他学习活动（如课堂讲解、小组讨论、实验操作等）相协调，从而形成有机统一的教学体系。

第三节　高中化学课程评价与反馈机制

高中化学课程评价与反馈机制是教育过程中非常重要的环节，不仅能帮助教师了解学生的学习情况，还能促进学生对化学知识的深入理解。

一、高中化学课程评价与反馈机制的重要性

（一）促进学生学习

高中化学课程的评价环节对于学生的学习进步至关重要。它不仅能帮助学生认识到自己在化学知识掌握上的长处和短板，还能激发他们对化学学习的兴趣和热情。当学生通过评价结果了解到自己在哪些领域表现优异，在哪些领域需要加强时，他们可以据此调整学习策略，优化学习计划，有目的地投入学习中。

评价还能作为一种激励手段，鼓励学生在化学学习中取得更好的成绩。对于那些在化学学科已经取得一定成绩的学生来说，正面的评价可以增强他们的自信心，促使他们继续努力，以及追求更高的学术成就。对于在某些化学概念或技能上存在困难的学生，评价结果可以作为一个警示，提醒他们需要在这些方面投入更多的时间和精力。

评价还能帮助学生培养自我反思能力。通过自我评价，学生可以学会客观分析自己的学习过程和结果，识别出影响学习效果的因素，从而在未来的学习中避免类似的错误，不断改进学习方法。

（二）提高教学质量

在高中化学教学中，通过收集和分析学生反馈的信息，教师能够及时了解教学过程中存在的问题，从而做出相应的调整。这种调整不仅包括教学内容的更新，还包括教学方法和策略的改进。

教师可以根据学生的反馈对教学内容进行优化。如果学生普遍不能理解某个化学概念，那么教师可以重新设计教学方案，采用更加直观、易于理解的方式来解释这个概念。例如，通过实验演示、多媒体教学或案例分析等方法，学生可以更好地理解和掌握化学知识。

教师还可以根据学生的反馈调整教学方法。如果学生反映传统的讲授式教学

方式较为枯燥，那么教师可以尝试采用互动性和参与性强的教学方法，如小组讨论、角色扮演、探究式学习等。

教师还可以利用学生的反馈来改进教学策略。例如，如果学生反映课堂时间有限，无法充分练习化学实验操作，那么教师可以调整课程安排，增加实验课的比重，或者利用课余时间组织实验操作练习，以确保学生有足够的机会进行实践操作。

（三）增强学生参与度

在高中化学教学中，当学生意识到他们的声音和反馈被认真对待时，他们更愿意参与课堂讨论和实验活动。

反馈机制可以增强学生的归属感。当教师认真倾听并采纳学生的建议时，学生会感到自己是课堂的一部分，这种归属感会促使他们更加积极地参与课堂活动。例如，教师可以定期组织学生讨论，让他们就化学实验的设计、教学内容的难易程度等提出自己的看法。

反馈机制可以提高学生的自我效能感。当学生看到自己的反馈被转化为实际的教学改进时，他们会感到自己对学习过程有控制力，这种自我效能感会激励他们更加主动地参与到学习中。教师可以通过展示学生反馈如何影响教学决策，让学生明白他们的贡献是有价值的。

反馈机制还可以作为学生学习化学的激励手段。通过反馈，学生可以了解自己在化学学习上的进步，这种成就感会进一步激发他们的学习热情。教师可以利用学生的反馈来表扬和鼓励学生，让他们感受到自己在化学学习上的努力得到了认可。

二、高中化学课程评价与反馈机制的实施策略

（一）多元化评价方式

传统的笔试和口试虽然能够评价学生对化学知识的掌握程度，但往往难以全面反映学生的实践能力和创新思维。

实验报告是评价学生实验技能和科学探究能力的重要方式。通过撰写实验报告，学生可以展示他们对实验原理的理解、实验操作的熟练程度，以及数据分析与处理能力。教师可以通过评价实验报告来了解学生在实验设计、数据收集和分析、实验结果解释等方面的能力。

项目展示可以评价学生的团队合作能力和创新思维。在项目展示中，学生需要通过合作完成一个与化学相关的研究项目，并通过口头报告或海报展示的方式向同学和老师展示他们的研究成果。这种方式不仅能够评价学生的化学知识应用能力，还能够评价他们的团队协作能力、沟通表达能力和创新思维等。

小组讨论也是一种有效的评价方式。在小组讨论中，学生可以就某个化学问题或现象进行深入探讨，教师可以通过观察学生的讨论表现来评价他们的批判性思维、沟通交流能力和知识应用能力等。同时，小组讨论还能够激发学生的学习兴趣和学习动机。

除了上述方式，教师还可以采用自我评价、同伴评价等多元化的评价方式。自我评价有助于培养学生的自我反思能力，同伴评价有助于培养学生的批判性思维和评价他人工作的能力。

（二）及时反馈机制

当学生完成作业、实验报告或参与课堂讨论后，教师的及时反馈可以帮助他们迅速识别并纠正错误，加深对化学知识的理解。

反馈的及时性意味着教师需要在学生记忆犹新时提供评价，这样学生更容易接受并记住改进点。例如，在化学实验课后，教师可以立即对实验操作中的错误进行点评，并指出正确的操作方法，从而帮助学生避免在未来的实验中重复同样的错误。

及时反馈还包括对学生的学习策略和思维过程的评价。教师可以通过对学生解题过程的观察，提供有针对性的指导，从而帮助学生优化学习方法，提高解题技巧。

教师的反馈还应包含鼓励和积极评价，以增强学生的自信心和学习动力。对于学生的努力和进步，教师应给予认可。即使是非常小的进步教师也应给予表扬，这样可以激励学生继续努力。

及时反馈机制应包括具体的改进建议。教师应指导学生如何改进，而不是只指出错误。

教师还应鼓励学生进行自我反思，通过自我评价来提高学习自主性。教师可以教授学生如何进行自我评价，包括识别自己的强项和弱项，以及如何制订改进计划。

（三）个性化指导

在高中化学教学中，每个学生的学习风格、认知水平和兴趣点都有所不同，因此，教师提供个性化的指导和建议显得尤为重要。个性化指导能够帮助学生根据自己的特点和需求进行学习，从而提高学习效率和质量。

教师可以通过观察和评估学生在课堂上的表现，了解他们的学习风格和优势。对于视觉型学习者，教师可以提供图表、模型和视频等视觉辅助材料；对于动手操作型学习者，教师可以提供更多的实验机会，让他们通过实践来学习化学知识。

教师可以根据学生的兴趣和特长，提供个性化的学习建议。例如，对于对化学实验特别感兴趣的学生，教师可以推荐他们参加化学竞赛或科研项目，并提供相关的学习资源和指导；对于喜欢理论研究的学生，教师可以引导他们阅读更多的化学文献，并进行理论探讨。

教师应鼓励学生进行自我反思，了解自己的学习需求和目标，并制订个性化的学习计划。教师可以教授学生如何进行自我评价，并帮助他们识别自己的强项和弱点，制定合适的学习策略。

教师还应提供持续的个性化支持和鼓励。教师可以通过定期的一对一辅导，以及提供个性化的学习建议，帮助学生维持学习动力，克服在学习中遇到的困难。

三、高中化学课程评价与反馈机制可能面临的挑战与应对策略

（一）时间限制

在高中化学教学中，时间限制是实施有效评价与反馈机制时面临的一项主要挑战。由于课时有限，教师在课堂内完成教学任务的同时，很难为每个学生提供深入且个性化的反馈。

教师需要在有限的时间内覆盖化学课程的广泛内容，这本身就对教学时间提出了较高的要求。在这种情况下，教师往往难以在课堂上对每个学生的作业、实验报告或测试结果进行一一点评。

即使教师想要给予个性化的反馈，时间的压力也可能导致他们只能给出一些泛泛而谈的评语，而不是具体、有针对性的建议。这种泛泛的反馈很难帮助学生真正理解自己的问题所在。

时间限制还可能影响教师与学生之间的沟通。在一些情况下，教师可能没有足够的时间与每个学生进行一对一的交流，了解他们的学习困惑和需求，继而提供个性化的指导。

为了应对这项挑战，教师可以采取如下策略：第一，教师可以利用课余时间或在线平台，为学生提供额外的反馈和辅导；第二，教师可以鼓励学生进行同伴评价，通过互评来获得更多的反馈；第三，教师可以开发一些自动化的反馈工具，如在线测试系统，以节省时间，同时为学生提供及时的反馈。

（二）资源限制

在高中化学教学中，资源限制是实施评价与反馈机制面临的另一项挑战。实验是化学学科的核心组成部分，但学校可能由于资金、空间或其他资源的限制，难以为学生提供充足的实验设备和材料。

实验设备的不足会直接影响学生的实验操作机会。学生可能需要在有限的设备上轮流做实验，这不仅会减少他们动手操作的时间，还会减少他们通过实验深入理解化学概念的机会。

实验材料的缺乏会影响实验教学的质量。一些重要的化学实验可能因为缺少特定的化学品或试剂而无法进行，这会限制学生通过实验探索和验证化学原理的机会。

资源的限制还可能影响教师对学生实验技能的评价。由于设备和材料的限制，教师可能难以为每个学生提供充分的实验操作机会，因此难以全面评估他们的实验技能。

为了应对这项挑战，学校和教师可以采取如下措施：第一，学校可以寻求外部资助或捐赠，以改善实验设施；第二，教师可以设计一些使用常见材料的实验，以降低实验成本；第三，教师可以利用虚拟实验室软件，让学生在计算机上模拟化学实验，以弥补实际实验机会的不足。

（三）教师培训

在高中化学教学中，教师的专业培训直接影响学生学习化学的成效和课堂互动的质量。

通过参加专业培训，教师可以了解最新的评价理念和方法。随着教育技术的发展和教育理念的更新，评价方式也在不断进步。通过参加培训，教师可以掌握多元化的评价工具，如同行评审、自我评价，以及利用教育技术进行实时反馈等。

通过参加培训，教师可以提高对评价标准的把握能力。在化学实验和理论学习中，准确的评价标准对于学生来说至关重要。教师需要了解如何设定合理的评价标准，以及如何根据这些标准公正地评价学生的学习。

通过参加专业培训，教师可以提升沟通技巧。有效的反馈不仅需要准确的评价，还需要良好的沟通能力，以便教师能够清晰地传达他们的意见和建议。

为了提高教师的评价与反馈能力，教育管理部门和学校可以定期组织教师参加研讨会、工作坊或在线学习活动。这些培训活动应该涵盖评价理论、实践技巧，以及如何利用现代教育技术进行评价和反馈等。

同时，也应该鼓励教师参与持续的专业发展，通过阅读专业文献、参加教育会议及与同行交流经验，不断提升自己的评价和反馈技能。

（四）学生参与度的影响

在高中化学教学中，评价与反馈机制的有效性在很大程度上取决于学生的参与度。如果学生对评价与反馈过程不够重视，这些机制就难以发挥其应有的作用。

学生的参与度直接影响评价信息的准确性。如果学生在完成作业或实验报告时敷衍了事，教师就难以通过这些材料准确评估学生的学习情况。如果学生在小组讨论或课堂互动中不够积极，教师也就难以通过观察了解他们的思考过程和理解程度。

学生的参与度会影响反馈的效果。如果学生对教师的反馈不在意，或者没有根据反馈进行改进，反馈就会失去价值。学生需要认识到，评价与反馈是帮助他们增强学习效果的重要工具。

学生的参与度还会影响同伴评价的质量。在同伴评价中，如果学生没有认真对待同伴的工作，或者没有提供有建设性的反馈，同伴评价就难以起到应有的作用。

为了提高学生的参与度，教师可以采取如下措施：第一，教师可以通过讨论活动，让学生了解评价与反馈的重要性；第二，教师可以设计一些与学生兴趣相关的学习活动，激发他们的学习热情。

学校和家长也应支持评价与反馈机制的实施，如可以通过表扬和奖励积极参与的学生，为其他学生树立榜样。

第三章 高中化学教学方法与策略

第一节 传统教学方法的反思与改进

教育是社会发展的基石，而教学方法是实现教育目标的手段。随着时代的发展，传统教学方法面临着诸多挑战，需要不断改进。

一、传统教学方法的反思

（一）单向传授

在高中化学教学中，传统的教学方法往往以教师为中心，学生常常处于被动接受的状态。这种单向传授的方式存在一些局限性，需要进行改进。

在单向传授模式下，教师是传授知识的权威者，学生是听众。在这种模式下，教师的讲解成为课堂的主要部分，学生很少有机会参与讨论和提问。这不仅会限制学生的思考能力，还不利于培养学生的批判性思维。

由于缺乏互动，学生对学习内容的理解和掌握程度往往仅依赖于教师的讲解质量。如果教师的讲解不够清晰或深入，那么学生可能会对某些概念或原理产生误解，进而影响后续学习。

在单向传授模式下，学生很难将化学知识与实际生活或科学研究联系起来。化学是一门实验科学，需要学生通过实验来验证理论，培养观察、分析和解决问题的能力。如果学生只是被动地听，而没有机会动手做实验，则很难真正理解和掌握化学知识。

（二）过分强调知识记忆

在高中化学教学中，传统的教学方法往往过分强调知识的机械记忆和重复练习，而忽视了学生对知识的深入理解。这种以记忆为主的教学模式存在一些弊端，需要进行深刻的反思和改进。

过分强调记忆会导致学生对化学知识的理解只停留在表面，缺乏深度。如果学生只是机械地记忆化学方程式和反应原理，而没有真正理解其背后的科学原理，则很难将所学知识应用到实际问题中。

以记忆为中心的教学模式会抑制学生的创新思维。创新思维是科学探究的核心，需要学生对现有知识进行质疑和反思，并提出新的假设和解决方案。如果学生只是被动地接受和记忆知识，而不善于提出问题和探索答案，则很难培养创新思维。

过分强调记忆还会影响学生的学习兴趣和学习动力。当学习变成单调的重复和记忆时，学生很难体验到学习的乐趣，也缺乏持续学习的动力。兴趣是最好的老师，只有激发学生的学习兴趣，才能促使他们主动探索和学习。

(三) "一刀切"教学

在高中化学教学中，传统的"一刀切"教学模式常常忽视学生个体之间的差异，而采用统一的教学进度和内容，这在一定程度上会限制学生学习潜力的发挥。为了更好地满足不同学生的学习需求，提高教学质量，有必要对这种教学模式进行深入的反思和改进。

不同学生的学习能力、兴趣和学习风格有所不同。统一的教学进度可能对一些学生来说过快，导致他们跟不上课程节奏，理解不深入；而对另一些学生来说可能又过慢，无法满足他们对知识的渴望和挑战更高难度内容的需求。

统一的教学内容往往无法涵盖所有学生的兴趣点和需求。一些学生可能对实验操作特别感兴趣，而另一些学生可能更偏爱理论推导。如果教学内容不够灵活，那么学生的学习动力和参与度可能会受到影响。

忽视个体差异的教学模式不利于培养学生的创新能力和批判性思维。每个学生都有自己独特的思考方式和解决问题的策略，如果在教学过程中不能鼓励学生发挥自己的特长，就很难培养出具有创新精神的人才。

(四) 评价体系单一

在高中化学教学中，传统的评价体系往往将考试成绩作为唯一的评价标准，这种做法在一定程度上忽视了对学生全面发展的多维度评价。这种单一的评价方式存在一些局限性，需要进行改进。

将考试成绩作为唯一的评价标准，容易导致学生过分关注分数。如果评价体系只看重考试成绩，那么学生可能会忽视实验操作和探究学习，这会影响他们化学素养的全面发展。

单一的评价方式不利于培养和发现学生的学习兴趣与特长。每个学生的学习风格、兴趣点和优势都是不同的，如果评价体系不能全面反映学生的这些特点，就无法为学生提供个性化的指导和帮助，也不利于激发学生的学习动力和创造力。

将考试成绩作为唯一的评价标准，也不利于培养学生的团队合作精神和社会责任感。化学研究往往需要团队合作，解决实际问题也需要团队成员具有社会责任感。如果评价体系只关注个人成绩，而忽视这些非认知能力的评价，就无法全面评价学生的综合素质。

二、传统教学方法的改进方向

（一）改革评价体系

当前，许多学校仍然将考试成绩作为评价学生的主要标准，这种单一的评价方式无法全面反映学生的学习过程和能力发展。因此，建立多元化的评价体系显得尤为重要。

多元化评价体系应该包括学生的考试成绩、实验操作能力、创新思维和团队合作精神等方面。考试成绩可以反映学生对化学知识的掌握程度，但不应该成为唯一的评价标准。实验操作能力评价可以考查学生做实验的规范性、安全性，以及对实验结果的分析能力。创新思维评价则关注学生提出问题、设计实验、分析数据和解决问题的能力。团队合作精神评价旨在考查学生在小组合作中沟通、协调和合作的能力。

建立成长记录袋也是多元化评价体系的重要组成部分。成长记录袋可以记录学生在化学学习过程中的各种表现和成果。通过成长记录袋，教师可以全面了解学生的学习历程和能力发展，从而为学生提供更有针对性的指导。

（二）实施互动教学

互动教学是一种有效的教学方法，能够提高学生的参与度，激发学生的学习兴趣，促进学生创新思维的发展和对知识的深入理解。然而，传统的教学模式往往以教师为中心，学生只是被动地接受知识，缺乏互动和参与的机会。因此，改革传统教学模式，实施互动教学，对于提高高中化学教学质量具有重要意义。

互动教学可以通过小组合作、讨论、角色扮演等方式进行。在小组合作中，学生可以分工合作，共同完成一个化学实验或探究项目。通过小组合作，学生可以相互交流想法，相互学习，提高问题解决能力。在讨论中，教师可以提出化学问题或现象，引导学生进行深入讨论。通过讨论，学生可以学会从不同角度思考问题，提高批判性思维能力。角色扮演则是让学生通过扮演不同的角色，如化学家、实验员等，更好地理解化学知识的应用。

互动教学还应该鼓励学生提出问题。教师可以设计一些开放性的问题，引导学生进行探究。学生在探究过程中可能会遇到各种问题，教师应该鼓励学生提出这些问题，并提供必要的指导和帮助。通过提问和探究，学生可以更深入地理解化学知识，培养问题解决能力。

（三）融合信息技术

信息技术的融合为传统教学模式带来了革命性的变化。通过利用在线教育平台、模拟软件，以及虚拟现实（virtual reality，VR）、增强现实（augmented reality，AR）等技术，教师可以丰富教学手段，提高教学效率，同时为学生提供更加生动、直观的学习体验。

在线教育平台可以为学生提供丰富的学习资源，如视频讲解、互动课件、在线测试等。学生可以根据自己的学习进度和兴趣，选择合适的学习内容，进行自主学习。在线教育平台还可以实现师生互动，学生可以随时向教师提问，教师可以及时了解学生的学习情况，并提供个性化的指导。

模拟软件是信息技术在高中化学教学中的重要应用。通过模拟软件，学生可以模拟各种化学反应，观察反应条件对反应结果的影响，从而加深对化学知识的理解。同时，模拟软件还可以模拟一些危险的化学实验，从而确保学生的安全。

虚拟现实和增强现实技术可以为学生提供沉浸式的学习体验。通过虚拟现实和增强现实技术，学生可以身临其境地观察化学反应的过程，理解化学原理。例如，在虚拟现实环境中，学生可以"进入"分子结构，直观地观察原子之间的相互作用；在增强现实环境中，学生可以通过手机或平板电脑，观察分子模型在现实世界中的立体展示。

第二节 探究式教学法在高中化学教学中的应用

探究式教学法作为一种注重学生参与、发现和探索的教学方法，在教育领域备受重视。在高中化学教学中，应用探究式教学法能够激发学生的学习兴趣，提高其设计实验、解决问题和自主学习的能力，培养其创新思维。

一、探究式教学法的定义和特点

（一）探究式教学法的定义

探究式教学法是一种以学生为中心、强调学生主动参与和发现的教学方法。其核心在于通过学生自主提出问题、设计实验、观察现象、总结规律，引导学生主动构建知识体系，培养其批判性思维和解决问题的能力。相较于传统的直接教学法，探究式教学法更注重学生的思维活动和实践操作，能够激发学生的学习兴趣，提高他们的学习积极性。

（二）探究式教学法的特点

1. 学生主体性

探究式教学法的核心在于强调学生的主体性，即在教学过程中学生的主动性和参与性。这种教学方法将学生置于学习的中心，鼓励他们主动探索、质疑和解决问题，从而实现对知识的深入理解和应用。

在探究式教学法中，学生不再是被动接受知识的容器，而是知识的探索者和发现者。他们通过自己的观察和思考，主动提出问题，并寻找解决问题的方法。这种主动性不仅可以激发学生的学习兴趣，还可以培养他们的批判性思维和创新能力。

探究式教学法要求学生在教师的引导下，自主选择感兴趣的课题进行研究。学生可以根据自己的兴趣和需求，选择化学领域的不同分支，如有机化学、无机化学、物理化学等，进行深入探究。这种自主选择的过程，不仅能让学生感受到学习的乐趣，还能使他们对化学学习更加投入和专注。

探究式教学法鼓励学生提出自己的问题，并设计实验来验证自己的假设。在实验过程中，学生需要运用所学的化学知识和技能，如化学方程式等，来解决实际问题。这种实践操作的过程，不仅能加深学生对化学知识的理解，还能锻炼他们的实验技能和科学思维。

2. 实践性

探究式教学法的实践性特点强调学生通过实际操作来学习化学知识，这不仅有助于学生加深对理论知识的理解，而且能够培养他们的动手能力和实验技能。

在探究式教学中，学生可以通过亲身参与实验设计和操作，将抽象的化学概念和理论转化为具体的实践体验。这种学习方式能使学生在实践中发现问题、分析问题并解决问题，从而更深刻地理解化学原理。

实践性教学要求学生在教师的指导下，自行设计实验方案。学生需要根据所学的化学知识，选择合适的实验材料和方法，预测实验结果，并确定实验步骤。这个过程不仅能锻炼学生的实验设计能力，还能培养他们的科学思维和创新能力。

学生在实验操作过程中，需要严格按照实验规程进行，并注意实验安全，准确记录实验数据。通过动手操作，学生能够直观地观察化学反应的过程，感受实验现象的变化，这有助于他们形成直观的认识，加深对化学知识的理解。

探究式教学法还鼓励学生在实验中进行创新。学生可以尝试改变实验条件，探索不同条件下的化学反应规律，或者尝试用不同的方法验证同一个化学原理。这种创新实践的过程，不仅能够激发学生的探索兴趣，还能够培养他们的创新思维。

3. 启发性

探究式教学法的启发性特点在于通过精心设计的问题和情境，激发学生的思考和探索，从而拓展他们思维的深度和广度。

探究式教学法通过创设具有挑战性的情境和提出具有吸引力的问题，激发学生的好奇心和求知欲。在面对问题时，教师不是简单地将答案告诉学生，而是鼓励其主动思考、探索。

启发性教学要求教师具备深厚的专业知识和高超的教学技巧。教师需要根据学生的认知水平和兴趣点，设计出能够引发学生思考的问题。这些问题应当具有一定的开放性，能够引导学生从不同角度进行思考，而不是只寻找标准答案。

教师在教学中应运用多种教学手段，如实验演示、多媒体展示、案例分析等，从而为学生提供丰富的学习材料和信息。这些材料和信息应当与学生的生活经验和已有知识相联系，以便学生能够在熟悉的环境中发现新的问题和知识。

二、探究式教学法在高中化学教学中的优势

在高中化学教学中，应用探究式教学法有诸多优势：

（一）有助于培养学生的实验设计能力

探究式教学法在高中化学教学中的应用，可以为学生提供一个实践操作和实验设计的平台，这不仅有助于学生深入理解化学原理，而且能够显著提升他们的

实验设计能力。

探究式教学法鼓励学生主动参与实验设计过程。在教师的引导下，学生可以根据化学原理和实验目的，自主选择合适的实验材料、仪器和方法。这个过程要求学生综合运用化学知识，考虑实验的可行性和安全性，从而培养他们的实验设计能力。

通过实验设计，学生能够更深入地理解化学概念和原理。在设计实验时，学生需要考虑如何通过实验操作来验证某个化学原理，这能促使他们对化学知识进行深入思考和理解。实验设计实际上是一个将理论知识与实践操作相结合的过程，有助于学生形成系统的知识结构。

探究式教学法还有助于培养学生的创新思维。在实验设计过程中，学生可以尝试不同的实验方案，探索多种可能的实验结果。在探索过程中，学生可以发挥想象力和创造力，提出新颖的实验设计思路。创新思维的培养对于学生未来的学术研究和职业发展具有重要意义。

实验设计能力的培养还有助于提高学生的科学素养。在实验设计过程中，学生能学会如何科学地提出问题、分析问题和解决问题。学会如何运用科学方法来探究未知，对于学生形成正确的世界观和方法论具有重要作用。

（二）有助于提高学生的问题解决能力

探究式教学法在高中化学教学中的应用，可以极大地提高学生的问题解决能力，这对于学生批判性思维的培养具有重要作用。

学生在面对复杂的化学问题时，需要运用已掌握的化学知识和技能，进行独立思考和分析。通过模拟现实生活中的问题解决过程，学生可以形成解决问题的系统思维。

在实验探究过程中，教师应鼓励学生自主设计实验方案，这就要求他们不仅要理解化学原理，还要能够将这些原理应用到具体的实验操作中。学生必须考虑实验的每个细节，包括实验材料的选择、实验步骤的安排，以及实验数据的收集和分析。这个过程不仅能锻炼学生的实验技能，还能提高他们解决实际问题的能力。

探究式教学法强调学生之间的交流与合作。在小组合作探究中，学生需要共同讨论实验方案，分享各自的想法和见解。这种交流不仅可以促进学生之间的思想碰撞，还有助于他们从不同的角度审视问题，从而找到更有效的解决方案。

探究式教学法鼓励学生对实验结果进行深入分析。学生需要根据实验数据，运用化学知识对实验现象进行解释,这不仅可以锻炼他们的数据分析能力,还可以提高他们的逻辑推理能力。通过这种分析,学生能够更好地理解化学原理,并将这些原理用于解决其他相关问题。

探究式教学法通过不断地实验探究,帮助学生培养科学探究的思维。学生学会如何提出问题、如何设计实验、如何收集和分析数据,以及如何根据实验结果进行合理的解释,对于其未来发展具有重要意义。

(三) 有助于促进学生对知识的深入理解

探究式教学法在高中化学教学中的优势之一是有助于促进学生对知识的深入理解。这种教学方法超越了传统的死记硬背,通过自主探究和总结规律,帮助学生建立对化学概念和原理的深刻认识。

探究式教学法鼓励学生通过实践活动(包括做实验、观察现象、记录数据和分析结果)来学习化学。通过做实验,学生可以亲眼看到化学反应的过程,亲身体验化学变化,这种直观感受比单纯的记忆更深刻和持久。

在实验探究过程中,学生需要运用化学原理来解释观察到的现象,这就要求他们不仅要记住化学知识,还要理解这些知识背后的原理。例如,通过实验探究酸碱中和反应,学生不仅能记住中和反应的定义,还能理解酸和碱相互作用的实质。

探究式教学法鼓励学生进行实验假设和验证。学生在实验前先提出自己的假设,然后通过实验来验证这些假设是否正确。这种过程不仅能锻炼学生的科学思维,还能加深他们对化学知识的理解。

探究式教学法强调知识的整合和应用。学生在探究过程中,需要将不同板块的化学知识整合起来,形成完整的知识体系。例如,在探究氧化还原反应时,学生需要综合运用氧化数、电子转移等概念,这种整合过程有助于学生形成系统的知识体系。

探究式教学法还鼓励学生将化学知识应用于解决实际问题中。学生在探究过程中,会接触到许多与生活实际相关的化学问题,如环境保护、材料科学等。这种应用不仅能提高学生的兴趣,还能加深他们对化学知识的理解。

三、探究式教学法在高中化学教学中的实施步骤

在高中化学教学中,可以通过以下几个步骤来应用探究式教学法:

（一）引导学生提出问题

在高中化学教学中，实施探究式教学法的首要步骤是引导学生提出问题。这个步骤对于激发学生的好奇心和探究欲至关重要，有助于学生积极参与化学学习。

教师需要创设开放且包容的学习环境，鼓励学生自由地表达自己的想法和疑问。教师可以通过展示化学现象，提出与生活紧密相关的化学问题，或者讲述化学科学史的故事来吸引学生的注意力，激发他们的好奇心。

教师可以利用提问方式来引导学生进行思考。这些问题应当是开放式的，能够引导学生从不同角度考虑问题。例如，当讲解化学反应速率时，教师可以通过提问（如什么因素会影响反应速率？你能想到哪些可能的因素？）激发学生思考化学反应背后的原理。

教师还可以利用实验演示来激发学生的探究兴趣。教师可以通过展示有趣的化学实验，如颜色变化等，激发学生的好奇心和学习兴趣，促使他们提出问题，如为什么会发生这样的变化？这种现象背后的化学原理是什么？

在学生提出问题后，教师应鼓励他们对这些问题进行深入思考和讨论。教师可以组织小组讨论，让学生分享想法，相互启发。教师在这个过程中应扮演引导者和促进者的角色，帮助学生梳理思路，并提供必要的指导，但应避免过早给出答案。

教师应引导学生学会提出有价值的问题。这就需要学生具备一定的化学知识和科学思维能力。教师可以通过讲解科学方法、逻辑推理等，帮助学生提高提问的质量。

教师应鼓励学生将提出的问题转化为可探究的课题。这就需要学生对问题进行进一步的分析和筛选，确定哪些问题是值得探究的，哪些问题需要更多的背景知识或实验条件。教师可以提供必要的支持，如提供参考资料、设计实验方案等。

（二）设计探究性实验

在高中化学教学中，设计探究性实验是探究式教学法的重要组成部分。设计探究性实验有助于培养学生的实验设计和操作能力。

教师需要为学生提供充足的实验资源，包括实验材料、仪器和设备。这些资源是学生进行实验探究的物质基础。同时，教师应确保实验室的安全，为学生提供安全的实验环境。

教师应指导学生设计实验方案，包括选择合适的实验材料、确定实验步骤、设计实验记录表格等。在这个过程中，教师应鼓励学生运用所学的化学知识，考虑实验的可行性和安全性。教师可以提供一些指导性的问题（如你打算如何验证你的假设？你需要哪些材料和仪器？你打算如何控制实验中的变量？），以帮助学生系统地思考实验设计。

在实验操作过程中，教师应指导学生准确记录实验数据。教师应强调实验操作的规范性，如实验前的准备工作、实验中的安全措施、实验后的清理工作等。

教师应鼓励学生对实验过程进行反思。学生需要思考在实验中遇到的问题，分析实验结果与预期的差异，并提出改进实验的方案。这种反思有助于学生从实验中学到更多的知识，以及提高实验设计能力。

（三）激发学生的思维活力

在高中化学教学中，激发学生的思维活力是探究式教学法的核心步骤。通过启发性问题及其情境的引导，教师可以有效地促进学生的思考、探索和发现，从而培养他们的批判性思维和创新能力。

教师应设计富有挑战性和启发性的问题，这些问题应与学生的认知水平和兴趣相匹配，能够激发学生的探究欲。例如，在讲解化学反应原理时，教师可以通过提问（如为什么某些物质可以发生反应，而另一些则不能）来引导学生深入思考化学反应的本质。

教师应创设与化学知识相关的情境，如现实生活中的化学问题，让学生在具体的情境中进行思考和探索。情境的创设可以帮助学生将抽象的化学概念与现实世界联系起来，增强学习的现实意义。

教师应鼓励学生提出假设，并设计实验来验证假设。在这个过程中，学生需要运用化学知识，锻炼实验设计能力。

在学生进行实验探究的过程中，教师应引导他们进行深入的思考和讨论。教师可以提出一些前瞻性的问题，如你的实验结果与预期相符吗？如果不符，你认为可能的原因是什么？这些问题可以促进学生批判性思维的培养，帮助他们从不同角度审视问题。

教师应鼓励学生进行创新思考。在实验探究过程中，学生可以尝试不同的实验方案，探索多种可能的实验结果。教师可以提供一些创新性的指导，如引导学生思考如何改进实验方法，如何应用化学知识解决实际问题等。

（四）引导学生总结和分享探究结果

在高中化学教学中，引导学生总结和分享探究结果不仅有助于学生巩固和深化对化学知识的理解，而且能够促进学生之间的知识交流和共享，提高他们的沟通能力。

教师应指导学生有效地总结探究结果（包括清晰地表述实验过程、准确地分析实验数据、合理地解释实验现象等）。教师可以提供一些总结的模板或框架，以帮助学生组织和表达自己的思路。

教师应为学生提供开放的分享环境，鼓励学生自由地表达自己的发现和想法。教师应强调，探究过程中的每个发现，无论大小，都值得被尊重和分享。这种环境能够增强学生的自信心，激发他们的分享热情。

教师应鼓励学生进行小组内的分享和讨论。在小组讨论中，学生可以相互交流自己的发现和想法，相互启发和补充。这种交流有助于学生从不同角度理解化学知识，以及提高综合思维能力。

在小组分享的基础上，教师可以组织全班的分享活动。每个小组可以选派一名代表，向全班展示和讲解探究结果。这种全班分享不仅能够拓宽学生的知识视野，还能够提高学生的表达能力和自信心。

教师还应鼓励学生对分享的内容进行反思。学生需要思考自己的探究过程，分析自己的发现和想法，评估自己的表达和沟通能力。这种反思有助于学生认识到自己的优势和不足，从而为未来的学习提供方向。

探究式教学法作为一种注重学生参与和发现的教学方法，在高中化学教学中有重要意义。因此，在高中化学教学中，应积极探索和应用探究式教学法，为学生提供更加丰富多彩的学习体验，促进其全面发展。

第三节　项目式学习在高中化学教学中的应用

项目式学习是一种基于学生自主探究和合作学习的教学方法。该方法通过让学生参与真实的项目，培养他们的问题解决能力、合作精神和创造力。在高中化学教学中，采用项目式学习可以激发学生的学习兴趣，加深他们对化学知识的理解，提高他们的学习动力和实践能力。

一、在高中化学教学中应用项目式学习的优势

（一）有助于激发学生的学习动机

项目式学习通过赋予学生更多的自主权，激发他们对化学知识的探索欲。在这种学习模式下，学生不再被动接受知识，而是变成主动寻求答案的探索者。学生可以根据自己的兴趣选择研究课题，自行设计实验，这不仅能增强学习的趣味性，还能激发他们对化学学科的热爱。

项目式学习强调合作，有助于学生在团队协作中培养沟通能力和团队精神。在合作过程中，学生需要共同讨论问题、分配任务、整合资源，这种互动性学习不仅能锻炼他们的社交技能，还能增强他们解决问题的能力。通过团队合作，学生能够更深刻地理解化学原理，并且这种集体智慧往往能够带来意想不到的创新成果。

项目式学习通过实践操作，让学生在"做中学"，这种学习方式比传统的讲授式教学更能提高学生的参与度。学生通过动手做实验、观察化学反应的过程、记录实验数据、分析实验结果等一系列的实践活动，能够加深对化学知识的理解，提高实践操作能力。

项目式学习还能通过项目成果的展示，增强学生的成就感。当学生完成一个项目，无论是通过实验报告、展示板还是口头报告的形式，他们都能直观地看到自己的成果。这种成就感是激发学生学习动机的重要动力，能让学生感受到学习的价值，从而更加积极主动地投入学习中。

项目式学习还鼓励学生进行跨学科学习。化学不仅是一门独立的学科，还与物理、生物、数学等学科有密切的联系。在项目式学习中，学生可以将化学知识与其他学科的知识相结合，进行综合性的研究。这种跨学科的学习方式不仅能拓宽学生的知识视野，还能提高他们的综合素质。

（二）有助于培养学生的实践能力

项目式学习有助于学生在实际操作中深化对化学概念的理解。在传统的教学模式中，学生可能只能通过课本和课堂讲解来理解化学反应与物质的性质，而项目式学习则允许学生通过实验和项目来加深对这些知识的理解。例如，学生可以通过设计和执行实验来观察不同化学物质的反应，这种直接的经验比抽象的记忆更深刻。

项目式学习鼓励学生运用创新思维来解决实际问题。在项目进行过程中，学生会面临需要解决的化学难题，这会促使他们运用批判性思维和创造性思维来寻找解决方案。通过这种方式，学生不仅能学会如何应用化学原理，还能学会如何在面对未知挑战时加以创新和适应。

项目式学习中的团队合作是培养学生实践能力的重要部分。在团队中，每个成员都需要根据特定的角色承担相应的责任，这就要求他们必须具备良好的沟通技巧和协作能力。通过团队合作，学生能够学习如何有效地交流想法、协调工作及共同解决问题，这些都是实践能力的重要组成部分。

项目式学习还可以提供让学生评估和反思自己工作的机会。在项目结束时，学生需要展示他们的成果，并接受同伴和教师的反馈。这个过程可以教会学生如何客观地评估自己的工作，识别强项和弱点，并从中学习如何改进。这种自我评估和反思的能力对于学生未来的职业生涯是极其宝贵的。

项目式学习能通过模拟真实的情境，为学生提供理解和应用化学知识的实际环境。学生在项目中所面临的挑战往往与现实世界中的问题相似，这能够使他们在安全和受控的环境中提高解决复杂问题的技能。这种经验对于学生未来的职业生涯尤其重要，因为它为学生提供了在实际工作中应用化学知识的基础。

（三）有助于激发学生的创造力

项目式学习在高中化学教学中的应用，能为学生提供激发创造力和批判性思维的机遇，这对于他们在化学领域的学习和探索具有重要意义。

项目式学习通过提供开放性问题，激发学生的好奇心。在这种学习模式下，学生面对的不是简单的、有标准答案的问题，而是需要深入研究和探索的复杂问题。这种开放性问题促使学生主动思考，运用已有的化学知识尝试解决问题，从而激发他们的创造力。

项目式学习鼓励学生进行独立思考。在项目实施过程中，学生需要独立设计实验方案，选择合适的实验方法，并对实验结果进行分析和解释。这种独立思考的过程，不仅能锻炼学生的自主学习能力，还能培养他们的创新思维。

项目式学习中的团队合作也是激发创造力的重要途径。在团队中，每个成员的观点和想法可能不同，这种多样性能为团队提供丰富的思维资源。通过团队讨论和合作，学生可以学习如何整合不同的观点，从而产生新的想法，这对于培养他们的创造力具有重要作用。

项目式学习还可以为学生提供实践创新想法的机会。在项目中，学生可以将自己的想法转化为具体的实验操作，并通过实验来验证自己的假设。这种从理论到实践的过程，不仅能加深学生对化学知识的理解，还能锻炼他们的创新能力。

项目式学习中的评估环节也是激发学生创造力的关键。在项目结束后，学生需要对自己的工作进行反思，评估项目取得的成果和项目中的不足。这个过程可以促使学生思考如何改进自己的工作，如何在未来的项目中做得更好。这种反思和评估的能力，是创新思维的重要组成部分。

二、项目式学习在高中化学教学中的具体应用

（一）化学实验设计项目

项目式学习在高中化学教学中的具体应用之一是化学实验设计项目。这种项目不仅能够让学生将所学的化学知识应用于实践，还能培养他们的实验技能和科学精神。

在化学实验设计项目中，学生需要根据自己对化学现象的理解，提出一个研究问题或假设。这个问题或假设应该具有科学性、创新性和可行性，能够激发学生的学习兴趣和好奇心。例如，学生可能会对某种化学反应的条件、速率或产物产生疑问，或者想要探索某种物质的新性质。

学生需要设计实验方案，包括选择合适的设备和方法，确定实验的流程。在这个过程中，学生不仅需要运用所学的化学知识和实验技能，还需要发挥他们的创造力。此外，学生可能还需要查阅文献，咨询老师，或者与同伴讨论，以确保实验设计的科学性和合理性。

在实验实施阶段，学生需要严格按照实验方案进行操作。这个阶段要求学生具有严谨的实验态度和细致的观察力。他们需要对实验过程中出现的异常现象保持敏感，及时调整实验方案，以确保实验的顺利进行。

实验结束后，学生需要对实验数据进行分析和解释，得出实验结论。这个过程要求学生运用统计学和逻辑推理的方法，对实验结果进行客观的评价。他们需要考虑实验中可能出现的误差和偏差，评估实验的可靠性和有效性。

学生还需要撰写实验报告，总结实验过程和结果。实验报告应该包括研究问题、实验目的、实验材料和方法、实验数据和分析、实验结论，以及可能的改进措施。撰写实验报告不仅能锻炼学生的写作能力，还能加深他们对实验过程和结果的理解。

学生还需要展示他们的实验成果，并接受同伴和教师的评审。这个过程可以

鼓励学生进行自我反思，听取他人的意见和建议，不断改进自己的工作。同时，通过交流和分享的平台，学生能够了解他人的工作，获得新的启发和灵感。

（二）环保化学项目

项目式学习在高中化学教学中的另一个具体应用是环保化学项目。这类项目不仅能让学生深入了解化学在环境保护中的应用，而且能培养他们的环保意识和责任感，进而推动可持续发展教育的实施。

在环保化学项目中，学生需要了解当前环境面临的主要问题，如空气污染、水污染、土壤污染等，并认识到化学在这些问题中扮演的角色。通过研究和讨论，学生可以认识到化学物质的不当使用和处理对环境的负面影响，从而增强他们对环境保护重要性的认识。

学生可以开展具体的环保化学项目，如开发一种新的催化剂来减少汽车尾气中有害物质的排放，或者设计一种更环保的化学工艺来减少工业生产过程中的污染。在这些项目中，学生不仅需要运用化学原理和实验技能，还需要考虑经济、社会和技术等方面的因素，以确保项目的可行性和有效性。

在项目实施过程中，学生需要进行实验设计、数据收集和分析、结果评估等。这些工作不仅能锻炼学生的实验技能和科学思维，而且能提高他们解决实际问题的能力。学生还需要撰写项目报告，总结项目的背景、目的、方法、结果和结论，这个过程有助于提高他们的表达能力。

环保化学项目还鼓励学生进行跨学科学习。在解决环境问题时，学生需要将化学知识与生物学、物理学、材料科学等学科的知识相结合，这种跨学科的学习方式有助于学生拓宽知识视野，以及提高综合素质。

环保化学项目还可以提供一个让学生展示自己取得的成果的平台。通过项目展示，学生可以向同伴、教师和社会介绍自己的工作，分享经验和收获。这个过程不仅能增强学生的自信心和成就感，而且能提高他们的沟通能力和团队协作能力。

（三）化学科普宣传项目

项目式学习在高中化学教学中的另一个应用是化学科普宣传项目，这种项目让学生有机会选择一个化学主题，并通过制作海报、视频等形式向更广泛的群体传播化学知识，从而提升公众对化学的认识和理解。

学生需要选择一个具有科普价值的化学主题。这个主题应该既能引起公众的兴趣，又能准确传达化学知识。例如，学生可以选择解释化学元素的性质、化学反应的原理，或者介绍化学在日常生活中的应用等。

学生需要进行深入研究，并收集与所选主题相关的信息和数据。在这个过程中，学生不仅能够加深对化学知识的理解，还能学习如何从大量的信息中筛选和整合关键内容。

在准备传播材料时，学生需要运用创意思维和设计技巧，将复杂的化学概念转化为公众容易理解的知识。例如，可以使用图表、动画或比喻来解释抽象的化学过程，或者通过讲故事来吸引公众的注意力。

学生还需要学习如何有效地使用不同的媒介来传播信息。在制作海报时，学生需要考虑如何布局文字和图像，以吸引公众的眼球；在制作视频时，学生需要学习如何编辑和剪辑，以制作出极具吸引力的内容。

在项目实施过程中，学生还需要考虑如何与观众互动。例如，学生可以设计问答环节，鼓励观众提问，或者通过社交媒体等渠道收集反馈，以了解观众的兴趣和需求。

在完成科普材料后，学生需要组织和实施宣传活动，可能包括在学校、社区中心或在线平台上展示海报，或者通过短视频平台发布视频。在这个过程中，学生能够锻炼公共演讲能力和沟通技巧。

（四）创新化学产品设计项目

项目式学习在高中化学教学中还可以应用于创新化学产品设计项目，这不仅能够让学生结合化学知识和市场实际需求，设计出具有创新性的化学产品，而且有助于培养他们的创新意识、市场营销能力及综合素质。

学生需要对市场进行调研，了解当前市场上的化学产品种类、消费者的需求及潜在的市场缺口。这个过程要求学生具备敏锐的市场洞察力和分析能力，能够从消费者的角度出发，发现未被满足的需求或可以改进的产品特性。

在明确了市场需求之后，学生就可以开始设计化学产品。在这个阶段，学生需要运用化学知识，考虑产品的化学成分、生产工艺、成本效益及安全性等因素。在设计过程中，学生需要发挥创新思维，尝试采用新的化学原理或技术，创造出具有独特功能或优势的产品。

接下来学生需要对设计的化学产品进行可行性分析，包括评估产品的生产成本、市场接受度、环境影响，以及潜在的法律和伦理问题。这个过程要求学生具备跨学科的知识，能够综合考虑化学、经济、环境科学及商业等多个领域的因素。

在产品设计方案确定之后，学生可以开始制作产品原型或模型。这个过程不仅可以锻炼学生的实验技能和动手能力，还可以对设计方案进行实际检验。通过制作产品原型，学生可以直观地看到设计中可能存在的问题，并据此进行调整和优化。

学生还需要制定市场营销策略，包括确定目标市场、制定价格策略、设计宣传材料及规划销售渠道等。这个环节要求学生具备一定的市场营销知识，能够根据产品特性和市场情况，制订出有效的市场推广计划。

学生需要对整个项目进行总结和反思。通过评估产品设计和市场策略的成效，思考在项目过程中遇到的挑战和收获的经验，以及未来应该如何改进，学生可以养成持续学习和自我提升的习惯。

项目式学习为高中化学教学带来了新的活力和可能性。通过项目式学习，学生不仅可以更好地掌握化学知识，还可以培养问题解决能力、合作精神和创造力。教师在实施项目式学习时，应根据学生的实际情况和兴趣特点，合理设计项目任务，从而引导学生探究和学习，营造积极的学习氛围，促进学生的全面成长。

第四节　合作学习在高中化学教学中的实践

在当今教育领域，合作学习作为一种重要的教学方式受到越来越多教育工作者的重视。在高中化学教学中，合作学习不仅可以促进学生之间的互动与合作，还可以培养学生的团队协作能力和问题解决能力。

一、实施合作学习的意义

（一）可以促进学生思维碰撞

在高中化学教学中实施合作学习对于学生的学习和思维发展具有显著的促进作用。通过小组讨论和协作，学生能够相互交流观点，从而激发新的思维火花。这种互动不仅能够增强学生对化学知识的兴趣，还能促进他们对化学概念的深入理解。

在合作学习的过程中，学生可以分享各自的见解，听取同伴的不同观点，这有助于他们从多个角度审视问题。这种多角度的思考方式，能够让学生在解决化学问题时更加全面和深入。同时，合作学习还能培养学生的批判性思维，因为他们需要评估和反思自己与同伴的论点。

（二）可以提高学生的学习效率

在高中化学教学中，合作学习是一种高效的学习方式，能够显著提高学生的学习效率。在这种学习模式下，学生能通过团队合作，相互监督和帮助，共同解决在学习中遇到的难题。这不仅能加快学生对知识的吸收速度，还能加深学生对化学概念的理解。

合作学习能够让学生在讨论和解答问题的过程中，相互启发，共同寻找解决问题的方法。当一个学生遇到难题时，其他小组成员可以从不同的视角为其提供解决方案，这种集体智慧的汇聚，往往能够帮助其迅速找到问题的答案。

合作学习还有助于学生之间形成良性竞争，激发其学习动力。在小组内部，学生为了小组的荣誉和成绩，会更加积极地参与学习和讨论，这种竞争氛围能够促进每个成员更加努力地学习。

合作学习还能提高学生的自主学习能力。在小组讨论中，学生需要主动寻找资料，独立思考问题，这种自主学习的过程能够锻炼学生的自学能力，为他们的终身学习奠定坚实的基础。

（三）可以培养学生的团队协作能力

合作学习在高中化学教学中的应用对于学生未来的职业生涯至关重要。它不仅能促进学生之间的相互理解和尊重，还能培养他们在团队中的协作精神。通过小组合作，学生能学会如何共同工作以达到目标，这包括分工合作、协调不同意见及共同解决问题。

在合作学习的过程中，学生不仅要学会有效地沟通，清晰地表达自己的观点，还要善于倾听并理解同伴的想法。这种沟通技巧的培养对于任何团队工作的顺利进行都是必不可少的。合作学习还能提供一个平台，让学生在小组内部实践领导技能，如组织会议、引导讨论和激励团队成员。

通过这些实践活动，学生能逐渐认识到团队合作的重要性，学会如何在团队中发挥自己的作用。无论是作为领导者还是团队成员，学生都要清楚如何建立信任、尊重差异和利用团队成员的多样性来实现共同的目标。

二、合作学习在高中化学教学中的应用

（一）小组讨论

教师需要根据教学内容和目标，精心设计讨论的问题或案例。这些问题或案例不仅要具有一定的挑战性，能够激发学生的兴趣和好奇心，还要与课程内容紧密相关，以帮助学生理解和掌握化学知识。

教师可以将学生分成若干个小组，每个小组由 4~6 人组成。在分组时，教师需要考虑每个学生的特点，如在学习能力、性格、兴趣等方面的差异，尽量做到均衡搭配，以便于小组内部的交流和合作。

在小组讨论开始之前，教师需要向学生明确讨论的目的和要求，如讨论的时间限制、每个成员的发言机会等。教师还可以提供一些讨论的指导性问题，以帮助学生更好地开展讨论。

在小组讨论的过程中，教师需要密切关注每个小组的讨论情况，及时给予必要的指导和帮助。同时，教师要鼓励学生积极发言，充分表达自己的观点。此外，学生也要学会倾听他人的意见，尊重不同的见解。

在讨论结束时，教师可以邀请每个小组的代表向全班同学汇报讨论成果。这不仅可以让全班同学了解各个小组的观点和想法，还可以进一步促进他们的思考和讨论。教师还可以对各个小组的讨论进行点评，指出其优点和不足，并提出改进的建议。

教师还可以将小组讨论与课堂讲授、实验操作、课后作业等教学环节相结合，从而形成完整的教学体系。通过这种方式，学生可以在不同的环节相互补充、相互促进，从而更好地掌握化学知识，提高化学学习的兴趣。

（二）合作实验

在高中化学教学中，合作实验是一种能够促进学生深入理解化学原理和提高实验技能的教学策略。

1. 实验前的准备

教师应根据教学大纲和学生的认知水平，精心选择实验课题。实验课题应具有科学性、可操作性和安全性，同时应与理论知识紧密相连，以确保实验活动能够加深学生对化学概念的理解。

2. 分组与角色分配

将学生分成若干个小组，每组由 3~5 人组成。在分组时，应充分考虑学生的能力、性格特点，以实现互补和平衡。应为每个小组成员分配特定的角色，如记录员、操作员、观察员和报告撰写者等，以确保他们都能积极参与并承担相应的责任。

3. 设计实验方案

在教师的指导下，各个小组共同设计实验方案，包括明确实验目的、选择实验材料、确定操作步骤等。教师应鼓励学生提出创新的想法，并引导他们考虑实验的可行性和安全性。

4. 实验操作

在实验过程中，每个成员都应有机会参与实验操作，以增加实践经验。同时，教师应巡回指导，以确保实验操作的规范性和安全性。

5. 收集与分析数据

在实验结束后，小组成员应共同收集和记录实验数据。通过讨论和分析，小组成员应尝试解释实验结果，找出可能的误差来源，并提出改进措施。这个过程有助于培养学生的数据分析能力和科学思维。

6. 撰写实验报告

每个小组都需要撰写实验报告，总结实验过程和结果。实验报告应包括实验目的、实验材料、实验方法、实验数据、数据分析和实验结论。教师应指导学生如何规范地撰写实验报告，并强调科学表达的重要性。

7. 成果分享与评价

各个小组应向全班展示实验成果，包括实验报告和口头报告。教师和学生可以提出问题与建议，这有助于促进学生之间的交流和学习。教师应给予每个小组公正的评价和反馈，强调团队合作的重要性。

8. 反思与总结

在所有小组展示完毕，教师应引导学生进行反思，总结实验中的成功经验和需要改进的地方，这有助于学生养成自我评估和终身学习的习惯。

（三）角色扮演

在高中化学教学中，角色扮演是通过模拟实际情境，让学生在小组中扮演不

同的角色,从而提高其参与度和学习兴趣的过程。实施角色扮演的具体步骤如下:

1. 设计情境

教师需要根据高中化学课程内容设计一个或多个化学问题情境,这些情境应该与学生的生活经验或社会实际相联系,以增强学生的参与感和现实感。

2. 分配角色

在设计好问题情境后,教师可以将学生分成若干个小组,并为每个小组分配不同的角色,如化学家、环保工作者、工厂经理、政府官员等,每个角色都有其特定的任务。

3. 进行角色准备

学生应根据扮演的角色进行准备,包括了解角色的背景知识、职责和目标。教师可以提供必要的资料或指导,帮助学生更好地进入角色。

4. 角色扮演讨论

在小组内,学生以扮演的角色的身份进行讨论。他们需要从所扮演的角色的视角出发,提出问题、分析问题并寻求解决方案。这个过程可以鼓励学生运用化学知识,同时可以培养其批判性思维和创造性思维。

5. 解决问题

在讨论的基础上,小组成员可以共同探索解决问题的方法。他们需要考虑不同角色的利益和限制,寻求一个平衡和可行的解决方案。

6. 角色扮演展示

每个小组需要向全班展示角色扮演过程和解决方案。在展示过程中,可以采用口头报告、情景剧、海报等形式。

7. 反馈与评价

在展示结束后,教师和同学可以提出问题与建议,进行互动交流。教师应给予每个小组积极的评价和有建设性的反馈,强调角色扮演的学习和教育价值。

8. 总结与反思

教师应引导学生进行总结和反思,讨论角色扮演活动的优点和不足,以及如何在未来的学习中应用所学的知识和技能。

(四)项目合作

在高中化学教学中,项目合作是一种促进学生深入学习、提高团队合作能力和问题解决能力的教学策略。实施项目合作的步骤如下：

1. 选择项目

教师应根据高中化学课程的目标和学生的兴趣，选择或设计化学项目。这些项目可以是制作化学元素周期表的展板、设计并执行一个化学实验，或者研究某个化学现象的应用等。

2. 规划项目

在教师的指导下，各个小组共同规划项目的具体步骤，包括确定项目目标、制定时间表、分配任务和预料结果。

3. 搜集资料并进行研究

小组成员需要根据分配的任务搜集相关资料进行研究。教师可以提供必要的资源，以支持学生的项目研究。

4. 设计实验并执行

如果项目涉及实验操作，小组成员应共同设计实验方案，并在实验室中执行。教师应确保实验的安全性，并提供必要的技术指导。

5. 整合成果

在项目完成后，小组成员需要将各自的工作成果（可能包括实验数据、分析结果、图表、图片等）整合起来，形成最终的项目报告或展示材料。

6. 展示与交流

各个小组需要向全班展示项目成果，包括项目报告、展板、实验演示等。在展示过程中，其他同学可以提问，并进行互动交流。

7. 评价与反馈

在展示结束后，教师和同学需要对每个小组的项目进行评价，并提供反馈意见。教师应强调评价的目的是促进学习和改进，而非单纯地进行比较。

8. 总结与反思

在评价与反馈结束后，教师需要引导学生进行项目总结与反思，讨论项目执行过程中的成功经验和需要改进的地方，以及如何将所学的知识应用到未来的学习和生活中。

三、在高中化学教学中应用合作学习可能遇到的问题

（一）小组成员不协作

当在高中化学教学中应用合作学习时，小组成员不协作是一个需要特别关注的问题。这不仅会影响学习效果，还可能损害团队合作精神。以下是解决这个问题的几种方法：

（1）建立明确的小组规则是确保合作顺利进行的基础。小组规则应包括小组成员的责任、会议的频率和时长、决策过程，以及如何处理冲突等。这些规则需要在小组成立初期就与所有成员共同商定，并由教师监督执行。

（2）引入激励机制可以提高学生的参与度。激励机制可能包括对积极参与的学生进行表扬、为优秀团队提供奖励，或者在成绩评定中考虑团队合作的表现。激励机制不仅要公平、透明，还要与学生的学习目标紧密相关。

（3）提供及时反馈对于改进小组合作至关重要。教师应观察小组互动，对团队合作中出现的积极行为给予正面反馈，同时指出需要改进的地方。这种反馈可以是私下的，也可以在小组中公开提出，具体方式取决于学生的接受程度和文化背景。

（4）强化团队意识是增强合作效果的关键。通过组织团队建设活动，如角色扮演、团队挑战，或者共同完成一个与化学相关的项目，可以帮助学生建立信任和相互理解，从而促进更有效的合作。

（5）个性化的关注和支持对于不愿意参与的学生来说非常重要。教师应该与这些学生进行一对一的沟通，了解他们不愿参与的原因，并提供个性化的解决方案。

（6）教师需要持续监控小组的动态，确保每个成员都能得到平等的参与机会。必要时，教师可以介入调解矛盾，或者重新分配任务以提高合作效率。

通过这些方法，教师可以帮助学生克服在合作中遇到的障碍，培养他们的团队精神和协作能力，这对于学生学习高中化学极其重要。

（二）学生水平参差不齐

在高中化学的小组合作学习中，学生水平参差不齐是一个常见的问题，这可能会导致合作过程中出现一些困难。为了解决这个问题，可以采取以下几种策略：

(1) 实施差异化教学策略。教师可以根据学生的学习能力和兴趣，为他们分配不同的任务。例如，可以让理解能力较强的学生负责解释复杂概念，而让操作能力较强的学生负责实验操作。这样，每个学生都能在自己擅长的领域发挥作用，从而提高整个小组的合作效率。

(2) 鼓励学生相互学习和帮助。教师可以创造机会，让不同水平的学生交流思想和知识。例如，可以安排高水平的学生与低水平的学生结对，进行一对一的辅导。这样不仅可以帮助低水平学生提高学习效率，还能加深高水平学生对知识的理解。

(3) 定期评估和调整小组构成。随着时间的推移，学生的学习水平可能会发生变化。教师应定期评估每个学生的进步，并根据需要调整小组构成，以确保每个小组内部的学习水平相对均衡。

(4) 为学生提供多样化的学习资源。教师可以根据学生的不同需求，提供不同层次的学习材料。这样，每个学生都能找到适合自己的学习内容，从而增强学习效果。

(5) 教师应明确每个学生的责任和期望。在小组合作开始前，教师应与学生讨论他们在小组中的角色和责任，并设定明确的学习目标。这样可以帮助学生了解自己的职责，并激励他们积极参与合作。

(6) 教师应提供持续的支持和指导。在小组合作过程中，教师应密切关注学生的学习进展，并提供必要的帮助，包括解答学生的问题、提供学习建议及在必要时进行干预。

通过这些策略，教师可以帮助不同水平的学生在小组合作中发挥各自的优势，从而增强整个小组的学习效果。这不仅有助于提高学生的学习成绩，还能培养他们的团队合作能力和社交技能。

（三）时间安排不合理

在高中化学教学中，时间安排不合理可能会影响课程的进度和效果。为了解决这个问题，可以采取以下策略：

(1) 教师需要在课程规划阶段就考虑到合作学习的时间需求。这意味着教师在设计课程时，就要预留出足够的时间来进行小组讨论、实验操作、项目研究等。这可能需要对传统的讲授时间进行压缩，以确保合作学习不会仓促进行。

(2) 教师可以通过合理安排教学内容来平衡合作学习和传统教学的时间。例如，可以将一些理论性较强的内容安排在讲授环节，而将需要深入探究和实践的内容安排在合作学习环节。这样既能保证学生掌握必要的理论知识，又能通过合作学习培养其实践能力和创新思维。

（3）教师可以利用课余时间来延伸合作学习。例如，可以鼓励学生在课后进行小组讨论，或者利用网络平台进行远程合作。这样不仅可以减轻课堂时间不足带来的压力，还能培养学生的自主学习能力。

（4）教师应明确合作学习的目标和要求，避免无目的的讨论和活动。在每次合作学习开始前，教师应向学生清晰地说明学习目标、活动流程和预期成果，以确保合作学习有序进行。

（5）教师可以采用灵活的时间管理策略，根据实际情况调整合作学习的时间。例如，如果某个小组在规定时间内未能完成任务，那么教师可以适当延长时间，或者在下一节课继续进行。这种灵活性可以帮助学生更好地掌握学习内容，避免因为时间限制而影响学习效果。

（6）教师应不断反思和优化合作学习的时间安排。通过收集学生的反馈、观察合作学习的效果，教师可以发现时间安排中存在的问题，并及时进行调整。这种持续的反思和改进是增强合作学习效果的关键。

通过以上策略，教师可以更合理地安排合作学习的时间，使其与课程进度相协调，从而增强教学效果。这需要教师在课程设计、教学实施和反思改进等方面做出努力，以确保合作学习能够在高中化学教学中发挥最大的作用。

第五节 翻转课堂在高中化学教学中的尝试

近年来，翻转课堂（flipped classroom）在教育领域备受关注。它颠覆了传统的教学方式，强调学生在课堂上的主动参与和实践，通过预习和课堂互动来增强学习效果。在高中化学教学中应用翻转课堂可以提高学生对化学知识的理解能力和应用能力。

一、翻转课堂的基本原理

翻转课堂的核心理念是将传统的课堂讲授环节移至课堂外，让学生自主学习课程内容，课堂时间则用来进行问题解决、讨论、实践等层次的学习活动。在高中化学教学中，学生可以先通过观看视频讲解、阅读教材、做练习等方式，在课前对知识有所了解，然后在课堂上与教师和同学共同探讨、解决问题，加深对知识的理解。

二、翻转课堂在高中化学教学中的应用

（一）视频讲解

翻转课堂在高中化学教学的应用中，视频讲解是核心组成部分。教师可以通过录制视频，将化学知识以可视化的形式呈现给学生，使学生能够在课前对化学概念和原理有直观的了解。这种学习方式的优势在于允许学生根据自己的学习节奏和时间安排来观看视频，从而更好地掌握化学知识点。

视频讲解的内容可以多样化，从基础的化学元素和化合物的性质，到复杂的化学反应机理和实验操作，都可以包含在内。实验演示是视频讲解中非常重要的一部分，可以让学生看到化学反应的实际过程，理解实验原理和操作步骤。通过案例分析，教师可以展示化学知识在现实世界中的应用，增强学生对化学知识实用性的认识。

为了增强视频讲解的效果，教师可以采用以下策略：

1. 增强互动性

在视频中加入问题，鼓励学生思考和参与，如在讲解完一个概念后提出相关问题，暂停视频讲解，让学生思考答案。

2. 分层次录制视频

由于学生的学习水平不同，因此应录制难度不同的视频，以满足不同学生的需求。

3. 提供辅助材料

教师应提供与视频内容相匹配的学习材料，如讲义、图解等，从而帮助学生更好地理解和记忆相关知识点。

4. 鼓励学生反馈

教师应鼓励学生在观看完视频后提供反馈，教师可以根据学生的反馈调整教学内容和方法。

5. 优化技术

教师应使用高质量的录制设备和编辑软件，以确保视频的视听效果，增强学生的学习体验。

通过这些策略，视频讲解可以成为高中化学教学中一种有效的工具，帮助学生在课前理解化学基础知识，为课堂上的深入讨论和实践操作奠定坚实的基础。

（二）课堂互动

在高中化学教学中，课堂互动不仅能够加深学生对化学知识的理解，还能培养学生的合作精神和问题解决能力。

1. 讨论与交流

教师可以组织学生进行小组讨论，让他们分享预习时的心得体会，讨论预习材料中的难点和疑问。这种交流可以激发学生的深度思考，帮助他们从不同角度理解化学概念。

2. 小组合作

通过小组合作，学生可以在同伴的帮助下解决预习中遇到的问题。小组成员可以分工合作，共同完成一个化学实验或解决一个复杂的化学问题。这种合作学习不仅能提高学生的团队协作能力，还能提高其学习效率。

3. 实验操作

在课堂上进行实验操作是化学教学中不可或缺的一部分。教师可以设计一些与预习内容相关的实验，让学生动手操作，观察化学反应的过程，记录实验数据。这种实践活动能够帮助学生更直观地理解化学原理，加深对化学知识的理解。

4. 案例分析

教师可以选取一些与化学知识相关的实际案例，让学生进行分析。通过分析案例，学生可以将化学知识应用到实际情境中，培养应用能力和创新思维。

5. 评价与激励

教师应该对学生在课堂互动中的表现给予评价和激励。对于表现优秀的学生，教师可以给予表扬和奖励，激发他们的学习动力；对于表现不佳的学生，教师应该给予鼓励和支持，帮助他们找到问题所在，增强学习效果。

通过这些课堂互动活动，学生可以在实践中加深对化学知识的理解，培养解决问题的能力。同时，这些活动不仅能提高学生的参与度和学习兴趣，还能使他们在轻松愉快的氛围中学习化学。

（三）自主学习

翻转课堂的核心在于促进学生的自主学习。在高中化学教学中，这种模式的应用可以显著提高学生的学习效率和学习兴趣。为了实现这个目标，学生需要在课前通过阅读教材和观看教学视频来预习课程内容，而在课后则通过复习和总结来巩固所学的知识。这种学习方式不仅能提高学生的学习动力，还能提高他们的自我管理能力，有利于学生长期学习效果的增强。

在课前，学生通过自主阅读教材和观看视频，可以对即将学习的内容有初步的了解。这不仅能激发学生的好奇心，还能帮助他们建立化学知识的基本框架。通过这种方式，学生可以更加主动地参与课堂学习，而不是被动地接受知识。课前的学习还能让学生在课堂上有更多的时间来参与讨论和实验，从而提高学习的质量。

在课后，学生需要对所学内容进行复习和总结。这个过程对于巩固记忆和深化理解至关重要。通过复习，学生可以更好地掌握化学概念和原理；通过总结，学生可以对所学知识进行整合和应用。这种自主学习方式不仅能够让学生更加深入地理解化学知识，还能够提高其学习效率。

翻转课堂还能培养学生的批判性思维和创新能力。在课前的学习过程中，学生需要对教材和视频内容进行分析与思考，这有助于他们养成独立思考的习惯。在课堂上，学生有更多的机会参与到讨论和实验中，这可以培养他们的创新思维和问题解决能力。

（四）个性化辅导

个性化辅导是翻转课堂模式中的重要组成部分，允许教师根据每个学生的具体情况来调整教学方法和内容。在高中化学教学中，学生已经通过课前预习掌握了一定的基础知识，教师可以利用这一点，更加精准地识别学生在理解上的薄弱点，并提供相应的帮助。

在传统的教学模式中，教师往往需要花费大量时间来确保所有学生都能跟上课程进度，这可能导致一些学生感到无聊或困惑。然而，在翻转课堂中，教师可以利用课堂时间来解决学生提出的具体问题，而不是重复讲解基础知识。这样，教师可以为每个学生提供更加个性化的辅导，帮助他们克服在学习中遇到的障碍。

实施个性化辅导，首先需要教师对学生的预习情况有所了解。这可以通过课前的小测验、作业反馈或学生的提问来实现。通过这些信息，教师可以识别出哪些知识点是学生普遍感到困难的，哪些是个别学生的特殊问题。然后，教师可以设计有针对性的教学活动，如小组讨论、个别辅导或额外的练习题，以帮助学生理解和掌握这些知识点。

个性化辅导还可以通过技术手段来实现。例如，教师可以利用在线学习平台来跟踪学生的学习进度，分析他们的学习行为，并提供个性化的学习资源。这些资源可以是额外的讲解视频、互动模拟或在线练习，可以根据学生的具体需求来定制。

个性化辅导的另一个重要方面是鼓励学生之间的合作学习。在翻转课堂中，学生有更多的机会在课堂上进行交流和讨论。教师可以利用这一点，鼓励学生分享他们的理解和策略，并通过互相帮助来解决问题。这种合作学习不仅可以增强学生的学习效果，还可以培养他们的社交技能和团队合作精神。

个性化辅导还需要教师具备高度的专业素养和灵活性。教师需要不断更新自己的教学方法，以满足不同学生的学习需求。同时，教师还需要具备良好的沟通技巧，以便能够与学生建立信任关系，激发他们的学习兴趣。

翻转课堂在高中化学教学中的尝试不仅可以为学生提供更加灵活和多样的学习方式，还可以为化学教学带来新的活力。

第四章 学生科学素养的培养及教师专业发展

第一节 学生科学素养的培养

一、科学素养的内涵

科学素养通常是指一个人在科学知识、科学方法和科学精神方面的综合能力。科学素养不仅包括对具体科学知识的了解，还包括对科学思维方式、科学方法论和科学伦理的认识与运用。它旨在培养人们具备科学思维、批判性思维、解决问题的能力，以及对科学的兴趣和尊重，从而使个体能够更好地适应现代社会的科学化发展。

（一）科学知识

科学素养是衡量一个人在科学领域综合能力的重要标准，不仅包括对科学知识的掌握，更涉及如何运用这些知识来解决实际问题。科学知识作为科学素养的核心组成部分，涵盖基础科学概念、科学原理和科学事实等方面。

基础科学概念是构建科学知识体系的基石，是理解复杂科学现象和理论的起点。例如，在物理学中，力、能量与时间等概念是理解物体运动和相互作用的基础。在化学中，分子、原子和化学键等概念是理解物质组成与反应的基础。

科学原理是对自然现象的普遍规律的总结。它们是科学知识中最抽象和普遍的部分，但也是最强大的工具。例如，牛顿运动定律、热力学定律和量子力学原理等，都是物理学中的重要原理，不仅解释了大量已知现象，还预测了许多新现象。

科学事实是经过科学方法验证的客观存在，是科学知识中最具体和最确定的部分。例如，地球绕太阳公转、DNA双螺旋结构等都是科学事实。科学事实为科学原理提供了实证基础，也为科学理论的发展提供了动力。

一个具有科学素养的个体，不仅要掌握这些科学知识，更要能够理解和应用它们来解决实际问题。这就需要个体具备一定的科学思维能力，包括批判性思维、逻辑推理和假设检验等能力。个体需要能运用科学原理对现象进行分析，运用科学概念对问题进行定义，运用科学事实对假设进行验证。

科学素养还涉及科学方法的掌握和运用。科学方法包括观察、实验、建模和统计等，它们是科学知识产生和发展的基础。一个具有科学素养的个体，应当了解科学方法的基本原则和步骤，能够在实践中运用这些方法来获取和验证知识。

科学态度也是科学素养的重要组成部分，包括对科学的好奇心、对真理的追求、对证据的尊重和对不确定性的接受等。一个具有科学素养的个体，应当对科学持积极的态度，愿意不断学习和探索，对新知识保持开放的心态。

（二）科学方法

科学方法作为科学素养的重要组成部分，是个体进行科学性思考和探究的基础。科学方法包括一系列严谨的程序和步骤，旨在帮助人们系统地探索自然界的规律和现象。这些方法不仅包括观察、实验、推理和假设验证等基本环节，还涉及数据收集、分析和解释等关键过程。

观察是科学探究的起点。通过观察，个体可以发现自然界中的规律性和差异性，从而提出科学问题。有效的观察的基本要求是细致、客观和系统，避免主观偏见的影响。观察可以是定性的，也可以是定量的，关键在于能够准确地记录和描述观察到的现象。

实验是验证科学假设的关键手段。通过实验，个体可以控制变量，测试假设，从而得出可靠的结论。实验设计需要考虑变量的选择、实验条件的控制、实验材料的准备等方面。一个好的实验设计应该能够最大限度地减小误差和偏差，提高实验结果的可靠性。

推理是科学思维的核心。通过推理，个体可以从已知的事实和原理出发，推导出新的结论。推理可以是归纳的，也可以是演绎的，关键在于逻辑的严密性和合理性。有效的推理需要清晰的思路、合理的假设和充分的证据。

假设验证是科学方法的重要环节。个体需要根据观察和推理提出科学假设，并通过实验或其他方式进行验证。验证假设不仅需要运用批判性思维，还需要进行严格的检验和评估。只有经过验证的假设才能成为科学理论的一部分。

除了这些基本的科学方法，数据收集和分析也是科学研究中不可或缺的部分。个体需要掌握数据收集的方法，如调查、测量和记录等，以获取可靠的数据。同时，个体还需要掌握数据分析的方法，如统计分析、模型构建等，以从数据中提取出有价值的信息。

科学方法的掌握和运用，不仅需要知识和技能，更需要科学态度。个体需要对科学持有开放和怀疑的态度，勇于探索和质疑，不断检验和修正自己的假设及结论。同时，个体还需要遵守科学研究的伦理准则，如诚实、公正和尊重等，以维护科学的客观性和公正性。

（三）科学思维

科学思维是科学素养中不可或缺的部分，涉及逻辑思维、系统思维和批判性思维等多个方面。逻辑思维要求个体遵循逻辑规则，通过归纳和演绎推理得出结论。系统思维则要求个体从整体角度出发，理解事物之间的相互联系和影响。批判性思维鼓励个体对信息和论证持怀疑态度，通过分析和评估来避免错误与偏见。

科学思维的培养有助于个体在面对问题时进行理性分析和决策。它不仅适用于科学研究，还是日常生活中解决问题的重要工具。通过培养科学思维，个体可以提高自己的判断能力和决策质量，更好地适应复杂多变的环境。

科学思维还与科学态度密切相关。一个具有科学态度的个体，会对科学持有好奇心和探索欲，愿意不断学习和创新。他们会尊重事实和证据，以开放的心态面对新信息和新观点。

（四）科学精神

科学精神是科学素养的核心，体现了个体对科学探索的内在驱动力和态度。好奇心是科学精神的起点，可以激发个体对未知世界的渴望，推动他们提出问题并寻找答案。探究欲则是科学精神的核心，可以驱使个体深入挖掘事物的本质和规律，而不是只满足于表面现象。

创新意识是科学精神的重要组成部分，鼓励个体突破传统思维，探索新的可能性。合作精神也不可或缺，因为科学探索往往需要跨学科的团队合作，个体需要与他人协作，共同解决问题。

科学精神还体现在对科学的热爱和执着方面，促使个体在面对困难和挑战时不轻言放弃，持续追求科学真理。培养科学精神需要良好的教育环境和社会氛围，不仅要鼓励个体保持好奇心和探索欲，还要提供必要的资源和支持。

科学精神对于个体和社会都具有重要意义。它不仅可以推动科学的发展和进步，还有助于提高个体的科学素养和生活质量。具有科学精神的社会将更加开放、包容和创新，能够不断适应和引领时代的发展。

二、培养学生科学素养的目标

（一）提高终身学习能力

科学素养的培养旨在激发个体对知识的持续追求，培养其终身学习能力。当前，科学知识不断更新，技术迅速发展，因此，具备终身学习能力对于适应这些变化至关重要。

终身学习不仅意味着个体要不断吸收新的科学知识，更强调他们对现有知识的深入理解和批判性思考。通过终身学习，个体能够跟上科学发展的步伐，理解新兴技术的原理和应用，从而在工作和生活中做出更明智的决策。

终身学习还涉及学习策略和技巧的掌握，包括如何有效地搜集信息、如何评估信息的可靠性、如何整合不同来源的知识等。这些技能对于个体在信息爆炸时代筛选和利用知识尤为重要。

培养终身学习能力需要教育体系的支持。教育不应仅限于学校阶段，而应贯穿个体的整个生活过程。社会和教育机构应提供多样化的学习资源与平台，鼓励个体根据自己的兴趣和需求进行自主学习。

同时，个体也应树立积极的学习态度，将学习视为一种生活方式，而不是只为了达到某个具体的目标。

（二）培养批判性思维

培养批判性思维是科学素养的重要目标。批判性思维强调个体在面对信息时能够进行独立思考和判断。具备批判性思维的个体能够超越表象，深入分析问题，识别潜在的假设、偏见和逻辑谬误。

这种思维方式要求个体在接收信息时要保持怀疑态度，不盲目接受任何未经证实的观点。具备批判性思维的个体能够评估信息来源的可靠性，检验论据的有效性，并从多个角度审视问题。

批判性思维还包括对证据的重视。个体应学会如何收集和分析数据，运用科学方法对假设进行验证。这不仅涉及统计和数据分析技能，还包括对实验设计和研究方法的理解。

为了培养学生的批判性思维，教育体系需要提供相应的训练和实践机会，包括鼓励学生提出问题，进行讨论和辩论，以及在解决问题时采用科学的方法。同时，教师应成为批判性思维的榜样，通过自己的行为传达如何进行理性分析和判断。

个体应通过阅读、讨论和反思，不断培养自己的批判性思维。在日常生活中，无论是面对学术问题还是社会现象，个体都应善于运用批判性思维进行分析，形成自己的独立见解。

（三）提高问题解决能力

科学素养的培养不仅要求个体掌握科学知识，更强调将这些知识应用到解决实际问题中。在面对复杂多变的现实挑战时，具备科学素养能够使个体运用科学原理和方法，进行系统的分析和创新性的思考。

问题解决能力包括识别问题、提出假设、设计实验、收集和分析数据等。个体需要将理论知识与实际情况相结合，通过科学探究找到问题的解决方案。问题解决能力还涉及决策制定，即在多个可能的解决方案中选择最合适的一个。

为了培养学生的问题解决能力，教师应鼓励学生参与实践活动，如科学实验、项目研究和社会调查等。通过这些活动，学生可以亲身体验科学探究的过程，学习如何将理论知识应用于解决具体问题。

个体也应主动培养自己的问题解决能力。个体可以通过解决在学习、工作或生活中遇到的问题，来提高自己解决问题的能力。通过不断实践和反思，个体可以提高自己的科学素养和解决现实问题的能力。

（四）倡导科学精神

科学素养的培养旨在倡导科学精神，这种精神体现了对科学深刻的敬畏、对事实的尊重及对探索的无限热情。科学精神鼓励个体在面对未知时保持好奇心和开放态度，勇于提出问题并寻求答案。

科学精神还强调对证据的重视，即结论的形成必须基于充分的实验数据和逻辑推理。它要求个体在科学研究和日常生活中，应持有批判性思维，对信息源进行严格的筛选和分析。

科学精神的培养需要教育工作者和社会各界的共同努力。教育体系应通过课程设计和教学方法，激发学生的探究欲和创新意识，鼓励他们进行独立思考和合作学习。同时，社会环境也应提供支持，为个体提供探索和实践的机会，认可并奖励科学成就。

个体也应积极培养科学精神，通过不断学习和实践，提高自己的科学素养。在日常生活中，无论是对待科学研究还是处理日常问题，个体都应体现出对科学的尊重和对真理的追求。

倡导科学精神对于建设知识型社会、推动科学技术进步具有重要作用。它不仅能提高个体的科学素养，还能提高社会整体的创新能力和竞争力。崇尚科学精神的社会更加理性、开放，能够更好地应对各种挑战，实现可持续发展。

三、化学实验与学生科学素养

在高中化学教学中，实验是培养学生科学素养的重要途径之一。通过化学实验，学生不仅可以将书本知识转化为实际操作能力，还可以培养实验设计、观察分析、问题解决等综合能力。

（一）化学实验与学生科学素养的关系

化学实验是高中化学教学中不可或缺的环节，不仅能够加深学生对化学知识的理解，还能在多个层面促进学生的全面发展。

1. **直观理解化学知识**

通过化学实验的直观展示，学生能够更加深入地理解和掌握化学知识。例如，通过观看铁与硫酸铜溶液的反应，学生不仅可以亲眼见证化学反应的奇妙过程，还能在实践中领悟金属活动性的概念。

在这个实验中，学生观察到铁片逐渐被覆盖上红色的铜物质，这种直观的视觉冲击可以让他们深刻理解铁与硫酸铜之间的置换反应。这种亲身参与和观察实验现象的过程，不仅能激发学生的学习兴趣，还能使学生在实践中深化对化学原理的理解。

与传统的理论学习相比，这种直观体验的方式更能帮助学生巩固记忆。因为在实际操作中，学生需要将理论知识与实验现象相结合，从而加深对化学原理的印象。化学实验还能培养学生的动手能力和观察能力，使他们在实践中不断提高自己的科学素养。

2. **培养实验技能和动手能力**

实验操作过程不仅要求学生掌握理论知识，更要求他们具备实践操作能力。在这个过程中，学生需要学习如何正确、安全地使用各种化学仪器，如精确称量物质的天平、精确控制液体滴加量的滴管，以及用于混合和加热的烧杯等。正确操作这些仪器，不仅能够保证实验结果的准确性，更能培养学生严谨的科学态度。

同时，在做实验的过程中，学生还需要学习如何控制实验条件，如温度、压力等。这些条件的控制对于实验结果的产生具有至关重要的作用。通过不断实践和探索，学生能够逐渐掌握这些技能，提高自己的动手能力。

3. 促进团队合作能力

由于化学实验通常需要多人协作，这就为学生提供了锻炼团队合作能力的绝佳机会。

在分组进行的实验中，学生必须学会沟通和协调。他们需要讨论实验方案，分工合作，相互监督，并共同解决在实验中遇到的问题。这种合作过程不仅有助于实验的顺利进行，更重要的是能让学生学会倾听他人的意见、表达自己的观点，以及如何在团队中发挥自己的优势。

化学实验中的团队合作还能帮助学生更好地认识自己，找到自己在团队中的定位。通过不断实践，学生能够逐渐明确自己的职责和角色，从而更好地为团队作出贡献。

（二）如何发挥化学实验对于培养学生科学素养的作用

为了更好地发挥化学实验对于培养学生科学素养的作用，教师和学校可以从以下几个方面进行改进：

1. 强化实验设计与探究精神

化学实验不应只限于验证已有的理论知识，而应成为培养学生创新思维和科学探究精神的平台。教师应鼓励学生在实验前提出自己的假设和问题，并通过实验来验证和解决这些问题。这不仅能够提高学生的科学思维能力，还能够提高他们解决问题的能力。

2. 提高学生的安全意识

化学实验涉及各种化学药品和实验仪器，安全问题尤为重要。学校和教师应加强对学生的安全教育，如教师应教导学生正确使用实验仪器、佩戴防护装备，以及严格遵守实验规范。学校还应制订详细的实验安全预案，包括紧急疏散、事故处理等，以确保实验过程的安全有序。

3. 引入现代技术手段

随着科技的发展，虚拟实验、计算机模拟等为化学实验教学提供了新的途径。学校可以逐步引入这些技术手段，让学生通过虚拟实验进行实践，提高他们的实验操作能力和科学素养。虚拟实验可以模拟真实的实验环境，让学生在没有风险的情况下进行实验操作，这不仅能够提高学生的实验技能，还能够激发他们的学习兴趣。

四、科技创新活动与科学素养的结合

科技创新活动是推动经济增长、提高人们生活质量和解决社会问题的关键。科技创新活动包括新产品的研发、新工艺的改进及新服务的创造。科技创新能够带来效率的提高、成本的降低和用户体验的改善。

在知识经济时代，科技创新已成为推动社会发展的重要动力。对于学生而言，科学素养的培养不仅能够提高他们的个人素质，还能为他们未来的科技创新活动奠定坚实的基础。

（一）科技创新活动与科学素养结合的方法

1. 教育改革

教育部门需要重新审视和调整现有的课程体系，以确保科学教育在课程中的地位。这不仅要包括传统的物理、化学、生物等基础学科，还要包括计算机科学、人工智能、数据科学等新兴科技领域的知识。增加这些课程所占的比重，可以让学生更全面地了解科技的发展趋势和应用前景。

教育部门应该鼓励和支持学生参加科技创新活动。例如，学校可以与科研机构、企业合作，为学生提供实习和实践的机会；学校也可以设立科技创新实验室，让学生在老师的指导下开展科研项目。通过这些活动，学生能够将理论知识应用到实践中。

教育改革还应该注重培养学生的批判性思维和独立思考能力。这意味着在教学过程中，教师应该鼓励学生提出问题、分析问题，并寻找解决问题的方法，而不是仅仅依赖记忆和重复。通过这种方式，学生可以更好地理解科学原理，形成自己的见解和判断。

教育部门还应该加强对科学教育的投入，包括资金、设施和师资等方面。这需要政府、学校和社会的共同努力，以确保每个学生都能接受高质量的科学教育。

教育改革还应该考虑不同年龄段和不同背景学生的需求，提供多样化的科学教育内容和方式。例如，对于小学生，可以通过游戏和实验来激发他们对科学的兴趣；而对于高中生和大学生，可以提供更深入的科研项目和挑战，以满足他们对知识探索的欲望。

2. 实践教学

在教育体系中，实践教学是培养学生科学素养和创新能力的重要环节。学校通过提供实验室、工作坊等实践平台，能够让学生在实际操作中学习和掌握科学知识，从而更深刻地理解科学原理，并培养创新思维。

学校应建立或完善实验室设施，为学生提供先进的实验设备和安全的操作环境。通过实验室的实践操作，学生能够将抽象的理论知识与具体的实验过程相结合，加深对科学概念的理解。

学校可以设立工作坊，让学生在专业导师的指导下，参与真实的科技项目。工作坊可以围绕特定的科技主题，如编程、电子工程、3D打印等展开。通过小组合作的方式，学生可以在解决实际问题的过程中，锻炼团队协作能力和项目管理能力。

3. 校企合作

校企合作是教育与产业界之间的重要桥梁，不仅能为学生提供宝贵的实习和就业机会，还能帮助学生深入理解科技创新在现实世界中的应用。

学校应主动与企业建立联系，探索合作的可能性。这可以通过定期的校企交流会、研讨会，或者直接与企业的人力资源部门进行沟通等方式来实现。通过这些活动，学校可以了解企业的需求，企业也可以了解学校的教学资源和学生的能力。

学校可以与企业共同开发课程和制订教学计划。企业可以提供行业的最新动态和技能需求，帮助学校开发更符合市场需求的课程。同时，企业的技术专家和管理人员可以作为客座讲师，为学生提供行业视角的课程，提高学生的实践能力和职业素养。

学校应与企业合作，为学生提供实习机会。实习是学生了解企业运作、体验职场文化、应用所学知识的重要途径。通过实习，学生可以提前适应未来的工作环境，积累工作经验。企业也可以通过实习生项目，培养潜在的员工，发现优秀的人才。

学校还可以与企业合作，开展科研项目。企业可以提供研究课题和资金支持，学校可以提供研究团队和技术支持。通过这种合作，学生可以在实际的科研项目中锻炼自己的科研能力，企业也可以获得创新的解决方案。

4. 竞赛激励

在教育领域，竞赛激励是一种有效的手段，能够激发学生对科技创新的兴趣，培养他们的创新思维和实践能力。

教育部门和学校应明确竞赛的目的，即通过竞赛激励学生积极参与科技创新活动，提高他们的科学素养和实践技能。竞赛的主题应与当前科技发展的趋势相符合，如人工智能、绿色能源、生物科技等，以确保竞赛内容的前沿性和实用性。

竞赛的组织应具有开放性和包容性，鼓励不同年级、不同专业背景的学生参与。竞赛可以设置不同的难度级别，以满足不同水平学生的需求。同时，竞赛应提供充分的信息和指导，以帮助学生了解竞赛规则、准备竞赛材料。

教育部门和学校应提供必要的资源和支持，包括资金、场地、设备等，以确保竞赛的顺利进行。学校可以设立专门的指导团队，为参赛学生提供技术指导和策略建议。学校还可以邀请行业专家和学者作为评委，提高竞赛的权威性和公正性。

（二）科技创新教育存在的问题与解决方法

1. 资源不足

在科技创新教育领域，资源不足是许多学校都存在的一个普遍问题。资金和师资往往是影响学校提供高质量科技教育的关键因素。为了解决资源不足的问题，学校可以采取以下几种方法：

（1）学校可以通过与社区、企业和政府机构建立合作伙伴关系来拓宽资源渠道。这些合作伙伴可以通过提供资金支持、捐赠教学设备或提供实习机会，来帮助学校改善教学条件。

（2）利用在线教育资源是一种成本效益较高的方式。学校可以引导学生使用开放课程资源、在线教程和网络研讨会，这些都是免费或低成本的学习工具，能够帮助学生接触到最新的科技知识和技能。

（3）学校可以鼓励学生参与资源的筹集和管理。学校可以通过组织筹款活动、参与社区服务来换取资源支持，这不仅能解决资源短缺的问题，还能培养学生的社会责任感和实践能力。

（4）学校应该制订长期的资源发展计划，通过"小步快跑"的方式，逐步改善科技创新教育的条件。例如，设施升级、师资培训和课程改革等都需要有计划、有步骤地进行。

（5）教育部门和学校可以通过政策倡导，争取政府和社会对科技创新教育的关注与投入。展示科技创新教育对于社会发展和经济增长的重要性，可以吸引更多的公共投资和私人投资。

（6）学校应定期评估和反馈教学效果，以确保有限的资源被用在最有效的地方。通过收集学生和教师的反馈，学校可以不断调整和优化教学策略，提高资源使用效率。

2. 应试教育

在应试教育体系下，学生往往过分专注考试成绩，而忽视创新能力和科学素养的培养。这种教育模式会限制学生的全面发展，特别是在科技创新日益重要的今天，需要采取有效措施来解决这个问题。

（1）教育政策制定者需要重新审视和调整教育评价体系，减少对单一考试成绩的依赖。可以通过引入多元化的评价方式，如项目评价、同伴评价和自我评价等，全面评估学生的能力和成就。

（2）学校应该改革课程设置，增加培养学生创新能力和科学素养的课程。例如，可以开设科学实验、编程、机器人设计等课程，鼓励学生动手实践，培养他们的探索精神和解决问题的能力。

（3）教师在教学过程中应该采用启发式的教学方法。通过提出开放性问题，引导学生进行思考和讨论，激发他们的好奇心和创新思维。同时，教师还应该鼓励学生进行跨学科学习，将不同领域的知识融合在一起，形成综合性的视角。

（4）学校还可以通过举办科技节、创新竞赛等活动，为学生提供一个展示创新成果的平台。这些活动不仅能够激发学生的创新热情，还能提高他们的团队合作能力和沟通能力。

（5）家长和社会的支持也非常重要。家长应该鼓励孩子参与各种科技创新活动，而不是只关注考试成绩。社会也应该为学生提供更多的实践机会，如实习、创业等，让他们在实践中学习和成长。

（6）教育部门和学校应该加强师资培训，提高教师的专业素养和教学能力。教师是培养学生创新能力的关键，只有具备创新精神和专业能力的教师，才能培养出具有创新能力的学生。

3. 性别差异

性别差异在STEM教育中尤为显著，女学生的参与度往往低于男学生。这种不均衡的现象不仅会限制女性的职业发展，还会影响STEM教育的创新和多样性。为了解决这个问题，需要采取多方面的措施：

（1）提升社会意识。可以通过公共宣传和教育活动，提高社会对性别平等的认识，消除性别刻板印象，鼓励女学生探索STEM教育。这需要社会各界的共同努力，包括政府、教育机构、媒体和非政府组织等。

（2）鼓励和支持。学校和教师应鼓励女学生参与科学与技术活动，并提供必要的支持和资源，帮助她们克服可能遇到的障碍。这包括提供科学实验设备、实验室资源、科研项目机会等，以及给予她们更多的鼓励和认可。

（3）提供榜样和导师。展示女性在 STEM 教育的成功案例，让女学生看到自己的潜力和可能性。同时，提供女导师，为她们提供指导和支持。榜样的力量是无穷的，成功的女科学家或工程师可以激励无数女学生。

（4）课程和教学方法。设计包容性的课程和教学方法，考虑女学生的兴趣和需求，使课程内容更加贴近生活。这需要教育工作者深入研究女学生的认知特点和学习习惯，开发适合她们的教学方法和课程内容。

（5）创造安全和友好的环境。创建安全、尊重和支持的学习环境，让女学生感到舒适和自信，鼓励她们表达自己的想法和观点。这需要学校和教师营造平等、包容、尊重的校园文化，消除性别歧视和偏见。

采取这些措施，可以逐步消除性别差异，提高女学生在 STEM 教育中的参与度，促进性别平等，为社会培养更多优秀的科技人才。

第二节　教师专业发展

一、提升教师专业素养的途径

高中化学教师提升专业素养的途径包括但不限于以下几方面：

（一）持续教育和发展

1. 参加教育研讨会和工作坊

参加教育研讨会和工作坊是高中化学教师提升专业素养的重要途径之一。这些活动通常由教育部门、专业机构或学术团体组织，目的是促进教师之间的交流与合作，分享教学经验和最佳实践，同时了解化学教育领域的最新动态和研究成果。

（1）教育研讨会和工作坊为教师提供了学习与更新知识的平台。通过这些平台，教师可以接触到最新的教育理念、教学策略和评估方法。例如，通过参加以"化学实验教学创新"为主题的研讨会，教师可以了解如何利用现代技术，如虚拟现实技术和增强现实技术，来增强学生的实验体验。教师还可以学习如何将项目式学习和探究式学习等教学方法融入高中化学教学中，以提高学生的参与度和学习兴趣。

（2）教育研讨会和工作坊是教师专业成长的"催化剂"。通过参加这些活动，教师有机会与来自不同学校和地区的同行交流，分享各自的教学经验。通过这种交流，教师不仅可以获得新的教学灵感，还可以获得解决问题的思路。例如，一位教师可能在工作坊中分享了如何通过小组合作和角色扮演来教授化学反应原理，这种教学方法可能会激发其他教师在自己的课堂上进行尝试。

（3）教育研讨会和工作坊为教师提供了展示自己教学成果的机会。通过参加这些活动，教师可以展示自己的教学设计、教学案例或教学研究成果，并接受同行的评价和建议。这种同行评审不仅可以帮助教师提高自己的教学水平，还可以增强教师的自信心和职业满足感。

（4）参加教育研讨会和工作坊有助于教师建立专业网络。通过参加这些活动，教师可以结识同行，建立长期的合作关系。这种合作关系可以为教师提供持续的专业支持和资源分享，以帮助教师应对在教学中遇到的挑战。

2. 在线课程和远程教育辅助

在线课程和远程教育为高中化学教师提供了灵活的学习机会，如他们可以在不受时间和地点限制的情况下提升自己的专业素养。随着互联网技术的发展，越来越多的高质量教育资源触手可及，教师可以根据自己的需求和兴趣选择合适的课程进行学习。

在线课程为教师提供了广泛的学习内容。无论是基础化学知识、教学方法，还是最新的化学研究进展，教师都可以在在线平台上找到。例如，一些在线平台会提供如何使用数字化工具进行化学教学的课程，这些课程可以帮助教师掌握如何利用在线模拟软件进行实验演示，或者如何使用数据可视化工具来帮助学生理解复杂的化学概念。

远程教育允许教师按照自己的节奏进行学习。与传统的面对面教学相比，在线学习更加灵活，教师可以根据自己的时间安排来选择学习的时间和地点。这种灵活性对于工作繁忙的高中教师来说尤为重要，因为他们可以在课余时间或假期进行学习，而不必担心与工作安排发生冲突。

在线课程通常会提供丰富的学习资源，如视频讲座、阅读材料、在线讨论和互动式练习等。这些资源不仅能够帮助教师深入理解课程内容，还能够提高教师的学习兴趣和参与度。例如，一些在线课程能提供模拟实验，教师可以通过这些模拟实验来加深对化学实验操作和原理的理解。

远程教育还能为教师提供与全球教育工作者交流的机会。在许多在线课程中，教师可以与来自世界各地的同行进行交流和讨论。这种跨文化的交流不仅可以拓宽教师的视野，还可以促进不同教育背景下教学方法和理念的交流。

在完成在线课程后，教师通常可以获得证书或其他形式的认可。这些证书不仅可以证明教师的学习成果，还可以作为教师职业发展的一个证明。在一些情况下，这些证书还可以帮助教师获得职业晋升或加薪的机会。

3. 阅读学术期刊和专业书籍

学术期刊和专业书籍是高中化学教师获取最新化学教育与化学研究信息的重要资源。通过定期阅读这些材料，教师不仅能够更新自己的知识库，还能够了解当前化学领域的研究趋势和教学实践的发展。

学术期刊能提供化学领域最新的研究成果。教师可以通过阅读这些期刊，了解化学学科的最新进展，如新材料的开发、新反应机理的阐明、药物化学的进展等。这些信息对于教师设计和更新课程内容至关重要，可以帮助他们将最新的科学知识融入教学中，提高教学的前沿性和教学质量的相关性。

专业书籍通常会提供对某个领域深入系统的介绍。对于化学教师来说，阅读这些书籍可以帮助他们加深对化学原理的理解，以及提高专业水平。一些专业书籍还会提供关于化学教育理论和实践的讨论，如化学教学法、学生科学思维的培养等，这些内容对于教师改进教学方法和提高教学质量都有重要的指导意义。

学术期刊和专业书籍也是教师进行科学研究与学术写作的重要参考。通过阅读这些材料，教师可以获得科学研究的思路和灵感，学习科学研究的方法和技巧。同时，这些材料也能为教师提供学术写作的范例，帮助他们提高学术写作能力。

学术期刊和专业书籍还可以为教师提供与同行交流的平台。许多期刊有读者来信或在线讨论的栏目，教师可以通过这些渠道与作者或其他读者进行交流，分享自己的观点和经验。这种交流不仅可以帮助教师建立专业网络，还可以促进教师的专业成长。

定期阅读学术期刊和专业书籍也是教师自我提升与终身学习的重要体现。在快速变化的教育环境中，教师需要不断学习新的知识和技能，以适应教育改革的发展。通过阅读这些材料，教师可以保持对化学教学的热情和好奇心。

(二) 教学实践反思与改进

1. 课堂观察

课堂观察是高中化学教师提升专业素养的有效手段。通过观摩同行的课程，教师可以学到不同的教学风格、策略和方法，从而丰富自己的教学技巧，增强课堂教学效果。

（1）课堂观察有助于教师直观地了解其他教师是如何组织课堂、管理学生、处理突发情况，以及激发学生的学习兴趣的。这种第一手的教学经验对于教师来说是宝贵的，可以帮助他们发现自身教学中可能存在的问题和不足，从而进行有针对性的改进。

（2）课堂观察有助于教师了解并采纳多样化的教学方法。每位教师都有自己独特的教学风格，通过观摩不同的课堂，教师可以接触到各种教学手段，如小组讨论、合作学习、翻转课堂、案例教学等。这些教学手段可以为教师提供新的教学思路，激发他们在自己的课堂上进行尝试和创新。

（3）课堂观察还能促进教师之间的交流与合作。在观摩结束后，教师可以与授课教师进行深入的讨论，交流教学心得，探讨在教学中遇到的难题。这种同行间的交流可以增强教师的团队协作精神，提升整个教学团队的教学水平。

（4）课堂观察有助于教师了解学生的需求和反应。通过观察学生在课堂上的表现，教师可以更好地了解学生对不同教学方法的接受程度，从而调整自己的教学策略，使之可以更好地满足学生的实际需求。

（5）课堂观察也是一种反思和自我提升的过程。在观摩他人课堂的同时，教师可以反思自己的教学实践，思考如何将观摩到的有效的教学方法应用到自己的课堂上。这种反思不仅有助于教师提升教学技能，还有助于他们形成持续学习和改进的意识。

（6）课堂观察有助于教师了解教育技术的最新应用。在观摩过程中，教师可以观察到授课教师使用的多媒体工具、在线资源和互动软件等，这些技术的应用可以为他们提供新的教学灵感，促使他们在课堂上尝试使用这些工具，以提高教学效率。

2. 教学日志

教学日志是教师记录和反思教学实践的个人文档，对于提升教师的教学技能具有重要作用。通过撰写教学日志，教师可以详细记录教学过程中的心得体会，反思教学中的成功与不足，从而不断优化教学方法，增强教学效果。

教师通过教学日志记录教学活动的详细情况，即教师可以在日志中记录每堂课的教学目标、教学内容，所采用的教学方法，以及学生的反应和参与情况等。这些记录可以为教师提供教学活动的完整档案，有助于他们在课后回顾和分析教学过程，找出教学中的优点和需要改进的地方。

教学日志是教师进行自我反思的重要工具。在日志中，教师可以反思自己的教学决策，评估教学方法的有效性，思考如何根据学生的课堂表现和反馈调整教学策略。这种自我反思有助于教师形成批判性思维，提高教学的自觉性和自主性。

教学日志还可以作为教师专业成长的见证。通过持续记录和反思，教师可以逐步提升自己的教学技能，并且感受到专业成长的喜悦。这种喜悦感可以激励教师持续学习和改进，形成积极向上的教学态度。

教学日志还能促进教师之间的交流和合作。教师可以将自己的教学日志与同事进行分享，相互交流教学心得，共同探讨教学中遇到的问题。这种交流有助于形成教学共同体，促进教师团队的专业发展。

教学日志也是教师进行教学研究的基础。教师可以利用日志中记录的教学案例和反思，开展教学研究，探索教学规律，形成自己的教学理论。这种教学研究不仅有助于提升教师的教学水平，还可以为化学教育领域贡献新的见解。

教学日志是教师个人职业发展的重要资料。在职称评定、教学成果展示等职业发展活动中，教学日志可以作为教师教学经验和专业能力的证明。通过展示教学日志，教师可以向同行和管理者展示自己的教学理念、教学方法与教学成果，提升自己的职业形象。

（三）参与科研活动

1. 参与科研项目

参与科研项目是高中化学教师提升科研能力、深化专业知识和保持对化学学科前沿敏感性的有效途径。这不仅有助于教师个人的专业成长，而且对提高教学质量和激发学生科学探究兴趣有积极影响。

参与科研项目可以使教师有机会直接接触化学领域的最新研究动态。通过实际参与研究工作，教师能够深入了解当前化学研究的热点问题、新兴技术和创新思维，这个过程可以丰富教师的专业知识，提升其科学素养。

参与科研项目能够锻炼教师的科研能力。从文献调研到实验设计，再到数据收集与分析，以及论文撰写，教师可以在实践中学习科研的基本流程和技能。这些流程和技能对于提高教师的问题分析与解决能力，以及培养学生的科学探究能力具有重要意义。

参与科研项目还能促进教师与学术界的交流和合作。在项目研究过程中，教师可以与高校、研究机构和其他学校的专家学者进行深入交流，这种跨领域的学术交流有助于拓宽教师的视野，促进其创新思维的形成。

参与科研项目有助于教师将科研思维和方法融入化学教学。通过将科研项目中的研究问题、实验技术和科学态度引入课堂教学，教师可以激发学生的探究兴趣，培养学生的科研素养，提高学生的创新能力和实践技能。

参与科研项目的教师可以将研究成果转化为教学资源。例如，教师可以将发表的论文、开发的实验教具或设计的课程内容等，作为教学案例或教学材料，以丰富教学内容，提高教学的实践性和前沿性。

参与科研项目有助于教师提升职业成就感。科研工作的成果，如发表的论文等，不仅是对教师科研能力的认可，还能增强教师的职业自信，激励教师在教学和科研的道路上不断追求卓越。

2. 撰写并发表学术论文

撰写并发表学术论文不仅能提升教师的研究能力，还能促进学术交流和知识传播。

撰写学术论文本身就是一种深入研究的过程。在撰写论文时，教师需要对所研究的问题进行系统的思考和分析，这有助于教师加深对化学学科知识的理解，提升科研能力。同时，撰写论文还能锻炼教师的逻辑思维、数据分析和学术表达等方面的能力。

发表学术论文可以扩大教师的学术影响力。通过在学术期刊或会议上发表论文，教师的研究成果可以被同行了解和认可，这有助于提升教师的学术声誉。同时，发表的论文也可以作为教师职称评定、岗位晋升等职业发展的重要依据。

发表学术论文能促进教师与学术界的交流。在论文发表过程中，教师可以与编审、编辑和其他作者进行交流，获得宝贵的反馈和建议。这种交流有助于教师了解学术界的最新动态，拓宽研究视野，提高研究水平。

发表学术论文能激发教师的科研热情。当教师的研究成果被同行认可并引用时，他们会有一种成就感和满足感，这种正面的情感反馈可以激励教师继续进行科研工作，形成良性的科研动力。

发表学术论文能促进教师的教学工作。教师可以将论文研究的内容和方法融入教学中，拓展教学的深度和广度。同时，教师的科研经历也可以作为教学案例，激发学生的学习兴趣，培养学生的科研素养。

发表学术论文还能培养教师的信息素养。在撰写和发表论文的过程中，教师需要熟悉各种学术技能，如文献检索、数据分析等。这些技能对于培养教师的信息素养具有重要意义。

（四）应用信息技术工具和实验室技术

1. 信息技术工具

在当今教育环境中，信息技术工具的应用已成为高中化学教师专业素养的重要组成部分。熟练掌握和有效利用这些工具，不仅可以丰富教学手段，提高学生的学习兴趣和参与度，还能促进教师专业技能的发展。

应用多媒体教学工具，如智能白板，可以使教学过程更加直观。智能白板允许教师在大屏幕上直接演示化学实验、绘制化学结构式或展示化学反应过程，这种直观的视觉呈现有助于学生更好地理解和记忆抽象的化学概念。

在线实验室模拟软件能为学生提供安全的虚拟环境，让他们能够进行各种化学实验操作，而不必担心实际实验中可能出现的危险。通过模拟实验，学生可以加深对实验原理的理解，掌握实验技能，同时教师也能更有效地监控和指导学生的实验过程。

信息技术工具有助于教师进行教学资源的整合和管理。例如，教师可以利用在线教育平台和云存储服务，创建和分享教学资料，如视频讲解、互动习题和虚拟实验等。这些资源不仅有助于学生随时学习和复习，还有助于教师更灵活地安排教学内容和进度。

信息技术工具能促进个性化教学的实施。通过使用在线评估工具和学习管理系统，教师可以追踪学生的学习进度，分析学生的学习表现，从而为每个学生提供更符合其需求的教学支持和辅导。

信息技术工具还能拓宽教师的教学视野。通过参与在线教育社区和论坛，教师可以与其他教育工作者交流教学经验，获得新的教学灵感，了解教育技术的最新发展。

信息技术工具的有效应用也是教师专业发展的重要体现。在教育部门和学校的评价体系中，教师对信息技术工具的掌握和应用越来越受到重视。通过不断提升这方面的能力，教师可以提高自己的职业竞争力，为未来的职业发展奠定坚实的基础。

2. 实验室技术

实验室技术是高中化学教师专业素养的重要组成部分。随着科学技术的不断进步，化学实验室的设备在不断更新。教师需要不断学习和更新自己的实验室操作技能，以确保实验的安全和有效。

实验室设备的更新有助于提高实验教学的安全性。化学实验往往涉及一些有毒、有害或易燃、易爆的物品，这就要求教师必须熟悉各种化学物品的性质和安全操作方法。通过参加专业培训和研讨会，教师可以了解最新的实验室安全规程和事故应急处理方法，从而在实验教学中采取有效的预防措施，确保学生和自己的安全。

实验室技术的更新可以增强实验教学的有效性。随着新型实验设备的不断涌现，如数字传感器、智能数据采集系统等，教师可以利用这些设备进行更精确的实验数据采集和分析，从而提高实验结果的准确性和可靠性。教师还可以通过学习新的实验技术和方法，设计出更符合教学目标和学生认知水平的实验方案，提高实验教学的针对性和实效性。

实验室技术的提升有助于激发学生的学习兴趣。通过引入新的实验设备和方法，教师可以为学生提供更加丰富和有趣的实验体验，激发他们的探究欲望。教师还可以利用实验室技术开展一些探究性实验和研究性学习项目，培养学生的科学探究能力和批判性思维。

实验室技术的提升能促进教师的专业发展。通过不断学习和掌握新的实验室技术，教师可以提升自己的专业素养和教学能力。同时，教师还可以通过参与实验室技术的研究和开发，发表相关的学术论文或申请专利，形成自己的教学特色和教学风格。

实验室技术的提升也是适应教育改革和课程改革的需要。随着新课程标准的实施，化学实验教学的地位和作用越来越受到重视。教师需要通过更新实验室技术，满足新课程对实验教学的要求，提高实验教学的质量。

二、教学研究与教师专业发展

高中化学教师在教学实践中不仅需要具备扎实的化学知识，还需要不断提升自身的教学水平，以更好地引导学生学习化学知识。因此，教师的教学研究与专业发展显得尤为重要。

(一) 教学研究的重要性

教学研究是指教师基于自身的教学实践，通过系统观察、实践和总结，改进和提高自身教学水平的过程。对于高中化学教师而言，开展教学研究很重要。

1. 可以提高教学质量

教学研究能够帮助教师更深入地理解学生的学习需求和在学习过程中遇到的困难。通过对学生的学习情况进行细致的观察和分析，教师可以发现哪些教学方法有效，哪些需要改进。这种基于实证的教学研究，能够使教师的教学更加贴合学生的实际，从而提高教学的针对性和有效性。

教学研究能够促进教师对教学内容的理解。通过对化学学科知识的不断探究，教师可以更准确地把握教学的重点和难点，设计出更加合理的教学方案。这种对知识的深入挖掘，不仅能够提升教师自身的专业素养，还能够提高学生对化学知识的兴趣和理解能力。

教学研究能够激发教师的创新意识。在研究过程中，教师需要不断尝试新的教学方法和教学技术，这种探索和创新的过程，能够使教师的教学更加多样和生动。通过引入新的教学理念和技术，教师可以更好地激发学生的学习兴趣，提高学生的学习动力。

教学研究还能够促进教师之间的交流和合作。教师可以通过分享研究成果和教学经验来相互学习、相互启发，形成良好的教学研究氛围。这种团队合作的精神，不仅能够提升教师的教学水平，还能够营造积极向上的教学环境。

2. 可以促进教师个人成长

教学研究是教师个人成长的重要推动力。它为教师提供了一个不断挑战自我和提升自我的平台，有助于教师在教学实践中不断探索和创新。

教学研究能够帮助教师形成批判性思维。在研究过程中，教师需要对现有的教学方法和教学理念进行深入的分析与反思，这不仅能够提升教师分析问题和解决问题的能力，还有助于教师培养批判性思维。通过培养批判性思维，教师能够更加理性地看待教学中的问题，更加科学地进行教学决策。

教学研究能够帮助教师提升专业技能。在研究过程中，教师需要运用各种研究方法和研究工具，如文献综述、数据分析、教学实验等。这不仅对教学研究有益，还能够提升教师的专业素养。同时，教学研究还能够激发教师对化学学科知识的深入学习和探究，使教师的专业知识更加扎实和全面。

教学研究能够帮助教师提高沟通和协作能力。在研究过程中，教师需要与同行、学生，甚至家长进行沟通和交流，分享自己的研究成果和教学经验。这种沟通和协作的过程，不仅能够提升教师的人际交往能力，还能够促进教师之间的相互学习。

教学研究能够帮助教师增强职业认同感和满足感。通过参与教学研究，教师不仅能够感受到自己的专业成长和进步，还能够增强职业认同感。同时，教学研究也能够使教师的教学更加有效，增强其职业满足感。

教学研究能够帮助教师提升科研能力和学术影响力。通过发表研究论文、参加学术会议等方式，教师可以将自己的研究成果和教学经验在学术界分享，这不仅能够提升教师的学术影响力，还能够为教师带来更多的职业发展机会。

3. 可以推动学科发展

教师在教学研究中的积极参与，对推动化学学科的发展具有不可估量的价值。教学研究能够使教师积累丰富的教学经验，这些经验不仅对教师个人的教学实践有指导意义，而且对本学科的教学方法和策略有参考价值。通过不断地实践和研究，教师能够探索出更符合学科特性和学生需求的教学模式，从而增强整个学科的教学效果。

教学研究有助于教师开发和整合教学资源。教师在研究过程中会接触到各种教学材料、实验设备和信息技术工具，这些资源的合理运用可以极大地丰富教学内容，提高学生的学习兴趣和参与度。同时，教师还可以通过研究，开发出新的教学资源，如自制的实验教具、创新的演示实验、互动性强的在线学习平台等，这些资源的开发和应用，能够为学科的发展注入新的活力。

教学研究还能够促进教师对化学学科知识的深入理解和创新。在研究过程中，教师需要不断更新自己的专业知识，紧跟最新的学科发展动态。这种对知识的不断追求和探索，能够激发教师的创新思维，推动学科知识的更新和拓展。教师的研究成果，无论是新的理论发现还是新的实验方法，都能够为学科的发展提供新的思路和方向。

教学研究还能提升教师的科研能力和学科的学术影响力。教师通过参与教学研究，能够锻炼自己的科研能力。科研能力的提高，不仅能够提升教师个人的学术地位，还能够增强学科的学术影响力。教师的研究成果，能够通过论文、学术报告、教学展示等方式得到学术界的认可，从而提升其知名度和影响力。

（二）教师专业发展的路径

教师的专业发展是一个持续的过程，需要在不断地学习和实践中提升自身的能力与水平。高中化学教师的专业发展路径包括但不限于以下几个方面：

1. 持续学习

高中化学教师的专业发展是一个持续的、终身学习的过程。在这个过程中，教师需要不断地更新自己的知识体系，掌握最新的教学理念和方法，以适应教育发展的要求。

高中化学教师需要学习最新的教学理论和方法。教育学、心理学、教育技术学等学科的发展，为教学提供了新的理念和方法。教师需要通过参加培训、阅读教育著作、观摩优秀课例等方式，学习新的教学理念和方法，并尝试将其应用到自己的教学实践中。这种对教学理论的持续学习，不仅能够提升教师的教学技能，还能够提高教师的教学创新能力。

高中化学教师需要学习教育法规和政策。教育是受到法规和政策影响较大的领域。教师需要了解并掌握国家的教育方针、政策和法规，以确保自己的教学活动符合教育的要求。同时，教师还需要学习如何利用教育政策，为自己的教学实践和专业发展提供支持。

高中化学教师还需要学习教育心理学和学生发展理论。了解学生的心理特点和成长规律，对于增强教学效果具有重要意义。教师需要学习如何根据学生的年龄特点和个性差异，设计和实施教学活动。同时，教师还需要学习如何对学生进行有效的指导和帮助，从而促进学生的全面发展。

2. 交流合作

通过与同行进行深入交流，教师可以获取新的教学理念、方法和资源，从而丰富自己的教学实践。

交流合作为教师提供了一个分享和学习的平台。在这个过程中，教师可以展示自己的教学成果，同时吸取他人的教学经验。例如，通过参与教研组的讨论、观摩同行的课堂教学、参加教育研讨会等方式，教师能够了解不同的教学风格和策略，从而为自己的教学提供新的思路和灵感。

交流合作有助于教师资源的共享。在教学过程中，每位教师都会积累一定的教学资源，包括教案、习题、实验指导、多媒体材料等。通过交流合作，教师可以互相分享这些资源，实现资源的优化配置和有效利用。采用资源共享机制不仅能够减轻教师的工作负担，还能够提高教学资源的质量，从而增强教学效果。

交流合作能够促进教师之间的团队协作。在教学研究、课程开发、教学改革等活动中，教师可以组成团队，共同面对挑战，解决问题。团队协作不仅能够集合不同教师的智慧和力量，还能够增强教师之间的凝聚力和合作精神。

交流合作也是教师专业发展的催化剂。在与同行的交流中，教师可以获得新的启发和动力，激发自己的创新思维和研究兴趣。通过参与学术交流和合作项目，教师可以扩大自己的专业网络，建立更广泛的联系，这对其未来的职业发展具有积极影响。

3. 参加专业培训

参加专业培训是高中化学教师专业发展的重要组成部分。这些培训活动可以为教师提供系统学习新知识、新技能的机会，有助于教师不断提升教学技能和专业素养。

参加专业培训有助于教师掌握最新的化学教学理念和方法。随着教育理念的不断更新，传统的教学模式已经不能完全满足现代教育的需求。通过参加专业培训，教师可以学到以学生为中心的教学方法，如探究式学习、翻转课堂等，这些教学方法能够更好地激发学生的学习兴趣和创新思维。

参加专业培训有助于教师提升教学管理和评价能力。通过参加专业培训，教师可以学到科学的班级管理方法、学生评价体系等，这对于增强教学效果和管理班级秩序具有重要意义。

高中化学教师教学研究与专业发展是一个持续的过程，需要教师不断地积累经验、提升能力，以应对不断改变的教育环境和需求。通过开展教学研究和专业发展，高中化学教师可以不断提升自身的教学水平，为学生的学习和成长提供更好的指导与支持。

第五章　高中化学实验教学研究

第一节　高中化学实验教学的意义与现状

高中化学实验教学是化学教学中的重要组成部分，不仅能加深学生对化学知识的理解，还能培养学生的实验技能、科学思维和创新能力。

一、高中化学实验教学的意义

（一）加深理解

高中化学实验教学在学生学习化学的过程中扮演着重要的角色。通过实验，学生能够直观地观察化学反应的过程，从而将在课堂上学到的抽象化学概念与实际现象联系起来。这种联系不仅能帮助学生更好地理解化学原理，还能提高他们对化学知识的兴趣。

化学实验能够提供生动的学习环境，让学生可以在实际操作中观察化学反应的全过程。例如，通过观察颜色变化、气体产生、沉淀形成等现象，学生可以直观地理解化学方程式背后的实际意义。这种直观体验比单纯依赖记忆化学方程式更能加深学生对化学反应本质的理解。

实验教学还能够培养学生的观察力和分析力。在实验过程中，学生需要仔细观察实验现象，记录实验数据，并分析这些数据得出结论。分析过程有助于学生形成科学思维，学会如何从实验数据中提炼出有价值的信息，并用这些信息来验证或推翻假设。

（二）培养技能

化学实验是高中化学教学中不可或缺的环节。通过做实验，学生不仅能够掌握化学实验的基本操作，还能在实践中提高自己的科学探究能力。

化学实验有助于学生熟悉各种化学仪器的使用方法。在做实验的过程中，学生需要使用烧杯、试管、滴定管、酒精灯等仪器，操作这些仪器的熟练程度直接影响实验的成败。通过不断练习，学生可以逐渐掌握这些仪器的使用方法，为将来的学习和研究奠定坚实的基础。

化学实验有助于学生培养数据处理能力。在做实验的过程中，学生需要记录大量的实验数据，并对这些数据进行整理和分析。这个过程不仅能够锻炼学生的观察力和专注力，还能提高他们的逻辑分析能力。通过对数据进行分析，学生可以学会如何从复杂的数据中寻找规律，如何用数据支持或反驳假设。

化学实验有助于学生提高实验设计能力。在一些开放性的实验中，学生需要自己设计实验方案，选择合适的实验方法和仪器。这种自主设计实验方案的过程能够激发学生的创造力和想象力，培养他们的创新思维。同时，学生还能在实验设计中学会如何控制变量，如何避免实验误差，这些都是科学研究中非常重要的技能。

化学实验可以为学生提供具有挑战性的环境。通过实验，学生不仅能够学到化学知识，还能通过解决实验中出现的各种问题来锻炼自己的创新思维。在做实验的过程中，学生可能会遇到各种预料之外的现象，如实验结果与预期不符、实验操作出现错误等。面对这些问题，学生需要运用自己的知识和智慧，寻找解决问题的方法。这个过程能够激发学生的好奇心和探索欲，培养他们的创新意识。

化学实验能够培养学生的批判性思维。学生需要对实验结果进行分析和评价，判断其是否合理，是否需要调整实验方案。这种批判性思维的培养，有助于学生养成独立思考的习惯，以及提高分析和解决问题的能力。

化学实验还能够提高学生的实践能力。在做实验的过程中，学生不仅需要将理论知识与实际操作相结合，还需要将抽象的概念转化为具体的操作。这种从理论到实践的转化，能够锻炼学生的动手能力，提高他们的实践技能。

（三）助力团队合作

在高中化学实验教学中，团队合作的培养是不可或缺的一部分。在团队合作的环境中，学生不仅能够共同完成实验任务，还能够在实验过程中学习如何与他人协作，提高沟通和协调能力。

团队合作能够让学生在实验中学会分工与合作。在团队中，每个成员都有特定的角色和任务，需要相互配合，共同推进实验的进行。这种分工合作的过程有助于学生理解团队中每个成员的重要性，认识到团队取得成功需要每个成员的共同努力。

团队合作能够锻炼学生的沟通能力。在做实验的过程中，学生需要与团队成员交流想法、讨论问题、分享信息。有效的沟通有助于增强团队成员之间的信任关系，减少误解和冲突，提高团队的工作效率。

团队合作有助于培养学生的领导能力和协调能力。在团队中，学生有机会担任领导者的角色，负责协调团队的工作，解决团队内部的问题。这种领导经验对于学生未来在社会中的领导力发展具有重要意义。

团队合作有助于提高学生的适应能力和问题解决能力。在团队合作中，学生可能会遇到各种预料之外的问题，如意见分歧、资源分配不均等。面对这些问题，学生需要学会灵活应对，寻找解决问题的方法。

（四）强化实践应用

高中化学实验教学的核心价值之一在于其对化学知识实践应用的强化。通过实验，学生能够将书本上的理论转化为具体的操作，从而更深刻地理解化学原理，并看到这些原理在现实世界中的广泛应用。

化学实验能让学生亲身体验化学知识的实际应用。通过实验，学生不仅能观察到化学反应的奇妙现象，还能深刻理解化学原理是如何影响物质的性质和反应过程的。例如，通过有机合成实验，学生可以了解化学合成在制药工业中的重要性；通过环境化学实验，学生可以认识到化学分析在环境保护中的作用。

化学实验能够增强学生对化学知识实用性的认识。通过将化学实验与日常生活中的实际问题相结合，学生能够看到化学知识在解决现实问题中的应用。例如，通过食品化学实验，学生可以了解到食品添加剂的使用原则，以及如何通过化学分析确保食品安全。

化学实验能锻炼学生的创新思维和问题解决能力。通过解决实际问题，学生可以锻炼实践能力和创新能力。

化学实验还能培养学生的工程思维。在实验设计和操作过程中，学生需要考虑实验的可行性、安全性和经济性，这有助于他们形成系统的工程思维。通过实验，学生能够学到如何在实际应用中优化化学工艺，提高生产效率。

二、高中化学实验教学的现状

（一）存在安全问题

在高中化学实验教学中，安全问题始终是一个不容忽视的焦点。化学实验通常涉及易燃、易爆、有毒或腐蚀性化学品的使用，以及高温、高压等操作条件，这些都可能带来安全风险。因此，确保实验过程的安全性是实验教学的首要任务。

学校和教师必须建立严格的安全管理体系，包括制定详尽的安全规章制度，对实验室进行定期的安全检查，以及配备必要的安全设备，如消防器材、通风系统、急救箱等。同时，还应确保所有化学试剂和设备的存储、使用及处置都符合安全标准。

教师在实验前应向学生详细讲解实验的安全注意事项，包括正确处理化学品的方法、规范的实验操作步骤、紧急情况下的应对措施等。学生只有在完全理解并遵守这些安全规则的前提下，才能参与实验。

实验教学还应加强学生的安全意识教育。可以通过定期的安全教育培训和演练，提高学生对潜在危险的认识。另外，学生需要掌握如何正确使用个人防护装备，如实验服、防护眼镜、手套等。

教师应鼓励学生在实验中采取主动的安全行为。例如，当学生发现实验操作中存在安全隐患时，应鼓励他们立即停止实验，并向老师报告。这种主动的安全行为可以有效预防事故的发生。

（二）教师素质有待提高

教师素质是决定高中化学实验教学质量的关键因素。优秀的化学教师不仅要有扎实的专业知识，还要有丰富的实验经验和良好的教学技巧。

教师需要具备深厚的专业知识。化学是一门复杂的学科，涉及众多的概念、原理和方法。教师只有对这些知识有深入的理解，才能在实验教学中准确无误地指导学生。教师还需要不断更新自己的知识，跟上化学学科的发展，这样才能在教学中引入最新的科研成果和实验技术。

教师需要拥有丰富的实验经验。化学实验需要精确的操作和严格的控制条件，这些都需要教师拥有丰富的经验。通过亲身参与实验，教师可以了解实验中可能出现的各种问题，并掌握这些问题的解决方法。教师还需要了解各种实验仪器的使用方法和维护技巧，以确保实验的顺利进行。

教师需要具备良好的教学技巧，包括设计有趣且富有挑战性的实验，引导学生进行科学探究，以及激发学生的学习兴趣和创新思维等。教师还需要掌握有效的沟通技巧，能够清晰、准确地传达知识，解答学生的疑问。

教师需要有高尚的教育情操和高度的责任感。教师应该关心每个学生，尊重他们的个性和兴趣，鼓励他们积极参与实验。教师还应该注重培养学生的科学态度和实验精神，教育他们要严谨求实，勇于探索。

（三）学生参与度较低

如果学生对实验缺乏兴趣，他们的参与度就会降低，这将直接影响实验教学的效果。因此，提高学生的参与度是高中化学实验教学中需要重点关注的问题。

教师需要设计有趣且富有挑战性的实验，以激发学生的学习兴趣。实验内容应与学生的生活经验和认知水平相匹配，从而让学生能够在实验中看到化学知识的实际应用。教师还可以引入一些探究性、开放性的问题，让学生在解决问题的过程中体验科学探究的乐趣。

教师应鼓励学生主动参与实验的设计和操作。在实验前，教师可以与学生一起讨论实验的目的、原理和方法，让学生对实验有全面的了解。在实验过程中，教师应给予学生足够的自由空间，让他们自主选择实验条件等。这种具有高度自主性的学习方式能够提高学生的参与度和投入感。

教师还可以采用小组合作的方式进行实验，让学生在团队中分工合作，共同完成实验任务。在团队合作中，每个学生都能发挥自己的特长，体验合作的乐趣。同时，教师还可以引导学生进行交流和讨论，分享实验的心得和体会，这种具有高度互动性的学习方式能够提高学生的参与度。

教师还需要建立积极、包容的课堂氛围，鼓励学生积极参与实验，表达自己的观点。教师应尊重每个学生的想法。教师的鼓励和支持能够增强学生的自信心，提高他们的参与度。

针对当前高中化学实验教学存在的问题，学校、教师、家长和社会应共同努力，通过增加投入、改革教学方法、更新课程内容等措施，不断提高教学质量，为学生的全面发展奠定坚实的基础。

第二节　高中化学实验教学内容的选择与设计

高中化学实验教学是化学教学中不可或缺的重要环节。通过实验，学生能够直观地感受化学知识，培养实验操作能力、观察力和实验设计能力。因此，选择合适的实验教学内容并设计恰当的实验方案对于高中化学教学至关重要。

一、选择实验教学内容

(一) 基础实验

基础实验对于高中化学教学至关重要，不仅能帮助学生理解化学的基本原理，而且能增强学生对化学现象的直观感受。

1. 酸碱中和实验

酸碱中和实验是高中化学教学中的一项基础实验。在实验过程中，学生有机会直接观察到酸和碱相互作用的化学反应，从而深刻理解中和反应的基本概念。通过实验，学生可以利用指示剂的变化直观地观察反应的进展情况，这种变化不仅可以为学生提供清晰的视觉反馈，还可以帮助他们认识到反应正在进行。

酸碱中和实验还包括对反应物和生成物的 pH 进行测量，这个步骤不仅有助于学生定量地了解酸和碱的强度，还有助于他们深化对酸碱性质的认识。通过测定 pH，学生可以更具体地理解酸和碱如何通过中和反应达到新的平衡状态。这种实验设计旨在培养学生的实验技能，增强他们的观察力和分析力，同时激发他们对化学学科的兴趣和好奇心。

2. 氧化还原实验

氧化还原实验能帮助学生深入理解氧化还原反应的基本原理。例如，通过锌与稀硫酸的反应，学生可以清晰地看到氧化还原反应的过程。另外，通过测量生成的氢气的体积，学生能够进一步理解氧化还原反应的定量关系。

通过氧化还原实验，学生不仅可以理解氧化还原反应，还可以提高实验技能和科学探究能力。通过亲自操作实验，学生可以更加深入地理解氧化还原反应的化学原理，并学会如何将这些原理应用到解决实际化学问题中。实验还鼓励学生思考与探究氧化还原反应在自然界和工业生产中的应用，从而提高他们对化学学科的兴趣。

3. 金属活动性实验

金属活动性实验是高中化学教学中一项重要的基础实验，有助于学生直观地了解不同金属与酸反应时的活性差异，进而掌握金属的活动性顺序。在实验设计中，可以选择多种金属，如铁、铜、锌等，并将它们分别浸入相同浓度的酸溶液中，观察这些金属与酸反应的速率，以及生成气体的速率。

通过这个过程，学生不仅可以了解金属活动性顺序的实际应用，还可以通过实验数据的记录和分析，加深对金属活动性顺序的理解。在实验中，反应速率的快慢和生成气体的多寡，会直观地展示金属与酸反应的活性强弱。这种实验方法不仅能增强学生的观察力和实验操作能力，还能培养他们的科学思维和实验探究能力。

金属活动性实验还鼓励学生思考金属活动性顺序在工业生产和日常生活中的应用，如金属的提取、防腐处理等。

（二）综合实验

综合实验的设计旨在通过一个实验主题串联起多个化学概念，从而帮助学生在实践中体验化学的统一性和实用性。例如，制备氯化铜及其性质分析的实验就是一个典型的综合实验。

在制备氯化铜的实验中，学生首先需要了解铜和氯化铁溶液之间的化学反应，这个过程涉及金属活动性、溶液颜色的变化及沉淀的生成。学生可以通过实际操作过程观察溶液颜色的变化，记录反应现象，并学会如何通过过滤等方法分离出氯化铜晶体。

该实验的第二部分为对氯化铜性质的分析。学生将利用已制备的氯化铜溶液，进行一系列的化学性质测试，如探究其对光的敏感性、水溶性及与其他化学物质的反应等。这些测试不仅能够帮助学生理解氯化铜的化学特性，而且能够帮助他们掌握滴定、比色等实验技能。

（三）创新实验

在高中化学教学中，创新实验鼓励学生超越传统教学的框架，自行设计实验来验证化学理论或探索未知的化学现象。这种类型的实验不仅能提高学生的科学探究能力，还能提高他们的创造力和解决问题的能力。

例如，学生可以设计一个化学反应实验来验证勒夏特列原理，即在化学平衡体系中，如果改变影响平衡的一个条件，平衡将向着能够减弱这种改变的方向移动。学生可以通过改变反应体系的温度、压力或浓度等条件，观察并记录反应的变化，从而验证勒夏特列原理。

在设计创新实验时，学生首先需要对所要验证的化学理论有深入的理解。然后学生需要提出一个实验假设，设计实验步骤，选择合适的实验材料和仪器，并预测可能的实验结果。这个过程要求学生综合运用所学的化学知识，进行科学的逻辑推理。

在实验操作过程中，学生需要严格按照设计的步骤进行，同时注意实验的安全操作。学生还需要学会如何准确记录实验数据，并对实验结果进行科学的分析和解释。这个过程不仅能锻炼学生的实验技能，还能提高他们的数据分析能力和科学表达能力。

（四）趣味实验

趣味实验在高中化学教学中能够激发学生的学习兴趣和提高学生学习的积极性。例如，制作彩色火焰的实验不仅能吸引学生的注意力，还能加深学生对化学原理的理解。在制作彩色火焰的实验中，学生将学习到火焰颜色的变化与金属离子之间的关系。

在实验开始前，教师需要向学生介绍火焰颜色变化的原理，即不同金属离子在高温下激发电子跃迁，产生不同波长的光，从而呈现出不同的颜色。该理论基础是理解实验现象的关键。

在实验操作过程中，学生可以将含有不同金属盐的溶液，如氯化钠、氯化钙、氯化铜等，喷洒在火焰上，并观察火焰颜色的变化。通过这个过程，学生不仅能够直观地看到金属离子对火焰颜色的影响，而且能够加深对焰色反应现象的认识。

在实验过程中，学生需要学会如何安全地操作，如何控制溶液的喷洒量，以及如何记录和分析实验结果。这些技能的培养对于学生未来进行更复杂的化学实验至关重要。

二、实验设计要点

（一）实验要有可操作性

实验步骤应清晰、简单。学生应该能够轻松地理解每一步的目的和操作方法，而不需要花费大量的时间在猜测上。因此，教师在设计实验时，应尽量简化步骤，避免不必要的东西，同时应确保每一步都有足够的指导和解释。

实验操作的安全性也是一个不容忽视的因素。在设计实验时，应避免使用有毒或危险的化学品，并提供充分的安全措施和指导，以确保学生在实验过程中的安全。

为了提高实验的可操作性，教师还可以考虑以下几个方面：
（1）在正式开始实验前，教师可以进行一次预实验演示，以帮助学生更好地理解实验步骤和操作技巧。

（2）将复杂的实验分解成几个简单的步骤，并为每个步骤提供详细的操作指南。

（3）鼓励学生在实验过程中进行提问和讨论，以增强他们的参与感和理解力。

（4）在实验结束后，收集学生的反馈，了解他们在哪些步骤遇到了困难，并据此调整实验设计。

（二）实验要有观察性

化学实验的魅力在于能够通过直观的现象展示抽象的化学原理。因此，实验设计应确保观察到的现象明显且具有教育意义，以激发学生的好奇心和探究欲。

实验应选择那些能够产生显著变化的反应，如颜色发生变化、生成气体、生成沉淀或发光发热等。这些直观的现象能够吸引学生的注意力，使他们对化学反应的本质产生兴趣。

实验设计应考虑观察条件的优化。例如，使用合适的指示剂可以增强颜色变化的可见性；通过控制光线条件，可以更好地观察到发光反应；而适当地加热或冷却可以促进或减缓反应，使现象更加明显。

实验中的观察不应仅限于肉眼可见的。教师可以引导学生使用放大镜、显微镜或分光光度计等仪器，观察更细微的化学现象，如晶体的形成、细胞结构的变化或光谱的特性。

在实验过程中，教师应鼓励学生记录观察到的现象，并与他们的预期进行比较。这种比较可以帮助学生理解化学反应的复杂性，以及培养批判性思维能力。

教师还应引导学生思考观察到的现象背后的化学原理。通过讨论和解释，学生可以更深入地理解化学概念，并学会将理论知识与实验现象联系起来。

（三）实验要有探究性

实验设计应超越简单的演示，而转变为一个引导学生主动思考和探究的过程。通过精心设计的实验，学生不仅能够观察到化学现象，还能够通过实验结果探究化学规律，理解化学原理。

实验设计应具有开放性，允许学生提出假设，设计实验方案，并预测可能的结果。这种开放性可以鼓励学生运用创造性思维，提出自己的见解和解决方案。

实验设计应包含适当的挑战性，在实验过程中可以为学生设置问题，促使他们通过自己的努力找到解决问题的方法。这种挑战性可以是实验条件的不确定性、实验结果的不可预测性，或者实验操作的复杂性。

在实验过程中，教师应引导学生观察现象，记录数据，并分析结果。在实验结束后，教师应引导学生撰写实验报告，总结实验过程。实验报告应包括实验目的、实验原理、实验步骤、观察到的现象、数据记录、结果分析和讨论等。撰写实验报告不仅可以锻炼学生的科学写作能力，还可以提高他们的科学表达能力。

为了提高实验的探究性，教师还可以鼓励学生尝试不同的实验材料和仪器，探索不同的实验方法；鼓励学生根据自己的理解和想法，设计实验方案；引导学生运用统计学方法，对实验数据进行深入的分析和解释；鼓励学生将化学知识与其他学科知识相结合，进行跨学科探究。

第三节 高中化学实验教学的评价与改进

高中化学实验教学的效果如何，需要通过科学的评价体系来衡量，并根据评价结果进行相应的改进。

一、高中化学实验教学评价的内容

（一）教学目标的达成度

高中化学实验教学评价的核心在于判断教学活动是否实现了既定的教学目标。这些目标通常包括知识传授、技能培养、科学态度和探究精神的塑造等方面。

知识传授的准确性是评价的基础。在高中化学实验教学中，学生是否能够准确理解实验背后的化学原理，掌握必要的化学知识，是衡量教学效果的直接标准。教师应确保实验设计与课程标准和学习目标相匹配，让学生通过实验操作，加深对化学概念和理论的理解。

技能培养是实验教学的重要组成部分。学生在实验中应学会使用各种化学仪器，掌握基本的实验操作技能，如称量、溶解、过滤、蒸馏等。实验数据的记录及分析也是评价的重点，学生需要准确记录实验数据，运用科学方法对数据进行分析，并得出合理的结论。

科学态度和探究精神的培养同样重要。学生在实验过程中应展现出对科学的尊重和好奇心，以及对实验结果的客观分析和批判性思考。教师应鼓励学生提出假设，设计实验，并通过实验验证假设，从而培养学生的科学探究能力和创新思维。

高中化学实验教学评价还应关注学生的参与度和合作精神。在团队合作的实验中，学生是否能够积极参与，与同伴进行有效沟通，共同解决问题，是评价教学目标达成度的重要指标。

评价教学目标的达成度还需要考虑学生的反馈情况。可以通过问卷调查、实验报告、口头交流等方式，收集学生对实验教学的感受和建议，这可以帮助教师了解教学中存在的问题，为教学改进提供依据。

（二）实验操作技能

在高中化学实验教学中，对实验操作技能进行评价是确保教学质量和学生安全的重要环节。

学生对实验器材的正确使用是评价的首要内容，包括对各种玻璃仪器、计量设备、加热设备等的正确操作。学生应能够熟练地使用试管、酒精灯、天平等器材，并了解使用每种器材的注意事项。

实验安全是实验操作技能中不可忽视的部分。学生必须理解和遵守实验室安全规则，包括但不限于穿戴适当的防护装备、正确处理化学废料，以及在紧急情况下采取应对措施。

学生在实验过程中的步骤执行能力也是评价的重点。学生应能够按照实验指南或教师的指导，准确无误地完成每个实验步骤，如从试剂的准确取用到实验现象的观察记录。

（三）实验结果的准确性

实验结果的准确性取决于学生对实验数据的精确记录。学生需要在实验过程中详细记录所有相关的数据，包括但不限于反应物的量、反应条件（如温度、时间）、观察到的现象及测量结果。这些数据的准确记录是后续分析的基础。

学生必须掌握正确的数据处理方法，包括对收集到的数据进行适当的统计分析，如计算平均值、标准偏差等，以及通过图表形式直观地展示数据。正确的数据处理能够帮助学生更清晰地理解实验结果，从而发现数据之间的关联和趋势。

学生需要能够运用化学知识和科学原理对实验数据进行分析。这涉及对实验现象的科学解释，以及对实验结果与预期之间差异的合理分析。学生应能够识别实验中可能出现的误差来源，并评估这些误差对实验结果的影响。

在评价学生的实验结果的准确性时，教师还应关注学生的实验报告。实验报告要完整。此外，实验报告中应体现出学生对实验过程的全面理解，以及对实验结果的深入思考。

教师应鼓励学生对实验结果进行批判性思考。当实验结果与预期不符时，学生应能够提出合理的假设，并通过进一步的实验或文献研究来验证这些假设。

（四）科学探究能力

在高中化学实验教学中，培养学生的科学探究能力涉及学生能否独立地提出问题、设计实验、进行实验操作、分析数据、分析问题并得出结论。

提出问题是科学探究的起点。学生应能够基于观察到的化学现象或已有的化学知识，提出具有探究价值的问题。在评价学生提出问题的能力时，要考查他们的问题是否具有科学性、创新性，以及是否能够激发进一步的实验探究。

设计实验是将问题转化为可操作的探究活动的关键步骤。学生需要根据提出的问题，设计出科学、合理、可行的实验方案，包括选择合适的实验方法、确定实验变量、设计实验步骤及预测可能的结果。在评价学生设计实验的能力时，要检验他们的实验设计是否能够逻辑严谨地回答提出的问题。

进行实验操作是验证假设和收集数据的过程。学生应能够准确地执行实验设计，包括正确使用实验器材、进行规范操作、记录实验数据和观察实验现象。在评价学生的实验操作技能时，要观察他们是否能够严格遵守实验安全规程，以及是否能够准确地记录和报告实验结果。

分析数据是科学探究中的核心环节。学生需要对收集到的数据进行科学分析，包括使用适当的统计方法处理数据、绘制图表、分析数据。在评价学生的数据分析能力时，要检验他们是否能够从数据中得出有意义的结论，是否能够识别和解释数据中的异常。

分析问题是科学探究的深化阶段。学生应能够运用化学原理对实验现象进行深入分析，识别实验中可能出现的误差，并对实验结果与预期之间的差异进行合理的解释。在评价学生分析问题的能力时，要考查他们是否能够进行批判性的思考，是否能够提出有建设性的见解和解释。

得出结论是科学探究的最终目标。学生需要根据实验数据和分析，得出科学、合理的结论。在评价学生得出结论的能力时，要检验他们是否能够清晰地表达自己的发现，是否能够对实验的局限性进行讨论，并提出进一步研究的建议。

二、高中化学实验教学的改进措施

（一）更新教学内容

高中化学实验教学的改进是一个不断适应新知识和技术发展的过程。更新教学内容是这个过程中的关键步骤，能够确保学生接触到化学领域的最新进展，并且可以将这些知识应用到实际问题的解决中。

教师需要密切关注化学学科的最新发展，包括新兴的理论和实践、新的实验技术和方法，以及化学在社会和工业中的应用等。这些新内容应当被整合到实验教学中，以保持课程的时效性和相关性。

在更新教学内容时，应考虑学生的接受能力和学校的实验条件。新的实验内容应设计得既能激发学生的学习兴趣，又能在学生的知识和技能水平范围内确保实验材料的可获得性与实验操作的安全性。

建立反馈机制，收集学生和教师对实验教学的意见与建议，这对于持续改进实验教学内容和方法至关重要。通过这种机制，教师可以根据学生的反馈调整实验设计，使之更加符合学生的学习需求和兴趣。

（二）更新实验设备和条件

高中化学实验教学的改进不仅包括教学内容的更新，还包括实验设备和条件的更新。实验设备和条件的更新可以显著增强学生的学习体验与实验教学的有效性。

学校应加大对实验室设备的投入力度，确保实验室拥有足够数量和高质量的实验器材。这包括但不限于现代化的化学分析仪器、安全的实验台、精确的计量设备及必要的安全防护装备。高质量的实验器材不仅能够提高实验的准确性，还能够激发学生的学习兴趣。

在更新实验设备的过程中，应考虑设备的多功能性和可扩展性，即选择那些拥有升级系统或扩展系统，并且可以用于多种实验的、功能全面的设备，这样就可以在较长时间内保持实验室的先进性。

提升实验条件和环境也是重要的环节。这包括改善实验室的通风系统、照明条件、温度和湿度控制系统等，以确保学生在安全舒适的环境中进行实验。良好的实验环境可以减少意外事故的发生，保护学生的身体健康。

学校应定期对实验设备进行维护和校准，以确保设备始终处于良好的工作状态。这需要专门的技术人员和一定的经费支持，但这是确保实验教学质量的必要条件。

学校可以通过多种渠道筹集资金，包括政府拨款、社会捐赠、学校自有资金使用等，以支持实验室的建设和更新。同时，学校还可以与企业、高校等外部机构合作，共享资源，提高实验室的利用效率。

学校应建立反馈机制，收集教师与学生对实验设备和条件的意见与建议，以便不断改进。这种反馈可以来自定期的问卷调查、个别访谈、观察记录等。

（三）拓展实验形式

在高中化学实验教学中，引入虚拟实验、仿真实验等新型实验形式，并结合现代技术手段，可以使学生在安全的环境下体验到更丰富和深入的化学实验过程。

虚拟实验和仿真实验可以模拟真实实验中难以实现或危险性较高的实验操作。通过计算机软件，学生可以在虚拟环境中进行实验，观察化学反应的动态过程，甚至可以通过调整实验条件观察不同条件下的实验结果。这种实验形式不仅安全，还可以节省实验材料，降低教学成本。

新型实验形式可以提高实验教学的趣味性和互动性。通过游戏化的学习界面和互动式的学习过程，学生可以更积极地参与到实验中，提高学习效率。同时，这些新型实验形式可以提供实时反馈，从而帮助学生及时了解自己的学习进度和存在的问题。

在虚拟实验中，学生可以尝试不同的实验方案，探索未知的化学现象，这有助于培养他们的探索精神和创新能力。同时，学生还需要分析实验数据，解决在实验中遇到的问题，这有助于提高他们的问题解决能力。

在实施新型实验形式时，教师的任务也发生了变化。教师需要指导学生如何使用虚拟实验软件，如何分析实验结果，以及如何设计实验方案等。同时，学校需要投入一定的资源来支持新型实验形式的实施，包括购买虚拟实验软件、配置必要的硬件设备、提供网络支持等。

实验教学是高中化学教学的核心环节。建立科学的评价体系和采取有效的改进措施，可以增强实验教学的效果，促进学生的全面发展。

第六章 高中化学教学的学科融合实践

第一节 信息技术在高中化学教学中的应用探究

随着信息技术的飞速发展，其在教育领域的应用日益广泛。尤其是在高中化学教学中，信息技术的应用可以极大地提高教学效率和学生的学习兴趣。

一、信息技术在高中化学教学中的优势

（一）能增强可视化

信息技术在高中化学教学中扮演着至关重要的角色，尤其是在增强可视化方面。化学是一门以实验为基础的学科，涉及原子和分子等微观粒子的相互作用。然而，这些基本的化学过程在宏观世界中是无法直接观察到的。信息技术的应用，尤其是模拟和动画技术，为解决这个难题提供了有效的手段。

通过计算机模拟，学生可以直观地观察原子间的化学键是如何形成的，分子是如何旋转和振动的。这种模拟不仅能展示化学反应的动态过程，还能揭示分子结构的复杂性。例如，在教授有机化学时，三维分子模型的旋转和缩放功能可以帮助学生从不同角度观察分子结构，理解官能团的作用和反应机理。

动画技术在解释抽象概念方面也可以显示出其独特的优势。动画可以通过简化和夸张的手法，将复杂的化学过程分解成一系列容易理解的步骤组合。例如，动画可以展示氧化还原反应中电子的转移过程，可以帮助学生理解氧化剂和还原剂的角色，以及它们是如何影响反应进行的。

信息技术还可以提供交互式的学习体验。许多化学教学软件允许学生通过点击和拖动分子来模拟化学反应，这种互动不仅能增强学习的趣味性，而且有助于加深学生对化学原理的理解。学生可以通过实际操作来测试假设，观察不同条件下反应的变化，从而培养实验设计和问题解决能力。

然而，高质量的模拟和动画需要教师具备专业的知识与技能，这可能会限制

其在教学中的广泛使用；学生可能会过分依赖视觉辅助工具，而忽视对化学原理的深层次理解。因此，教师需要在利用信息技术的同时，引导学生进行批判性思考，确保他们不仅能够看到化学过程，而且能够理解其背后的科学原理。

（二）能提高互动性

信息技术在高中化学教学中的应用极大地提升了课堂的互动性，这对于激发学生的学习兴趣和增强教学效果具有重要意义。通过在线模拟实验、互动问答等方式，教师能够创造更加活跃的学习环境。

在线模拟实验作为一种互动性授课方式，允许学生在没有实际化学试剂和设备的情况下进行实验操作。这种模拟实验不仅可以降低实验成本和安全风险，还可以让学生在任何时间、任何地点进行实验，极大地提高了学习的灵活性。学生可以通过模拟实验来探索不同的化学反应，观察实验结果，从而加深对化学原理的理解。

互动问答系统具有实时反馈功能，能增强学习的互动性。在传统的教学模式下，学生往往需要等待教师的批复才能得到反馈，这可能会影响学生的学习动力。互动问答系统可以及时提供正确答案和解释，帮助学生及时纠正错误，巩固知识。这种系统还可以根据学生的回答自动调整问题的难度，从而为每个学生提供个性化的学习路径。

除了在线模拟实验和互动问答，信息技术还可以用于创建其他类型的互动教学活动。例如，教师可以利用在线讨论板来促进学生之间的交流和合作，鼓励他们分享观点，共同解决问题。教师还可以通过投票或利用调查工具来收集学生的反馈，了解他们的学习需求和偏好，从而调整教学策略。

（三）能带来丰富的资源

互联网的普及和信息技术的发展为高中化学教学带来了前所未有的资源富集。如今，教师和学生可以轻松访问海量的化学资源，这些资源的多样性和可访问性极大地丰富了教与学的过程。

教学视频成为化学学习的重要辅助工具。视频内容通常由经验丰富的教育工作者或专业机构制作，涵盖了基础化学概念及复杂的化学实验操作。这些视频除了能展示难以在传统课堂上呈现的实验过程，还能以更加生动和易于理解的方式呈现信息，帮助学生构建直观的认识。

在线课程的兴起为化学教学提供了新的学习途径。许多知名大学和教育机构都提供了开放的在线化学课程，这些课程的内容通常包括视频讲座、阅读材料、在线讨论和评估测试。学生可以根据自己的学习进度和时间安排，选择适合自己的课程进行学习，这为个性化学习提供了可能。

学术文章是重要的化学教学资源。互联网上有许多开放的学术信息资源，学生和教师可以免费阅读最新的研究成果。这些资源不仅能够提供化学领域的前沿知识，还有助于学生培养批判性思维和独立研究能力。

除了上述资源，还有许多专门为化学教育设计的软件和应用程序。这些工具可以帮助学生模拟复杂的化学反应，构建分子模型，甚至进行虚拟实验。通过这些互动工具，学生能够在安全的环境中探索化学原理，加深对化学学科知识的理解。

二、信息技术在高中化学教学中的应用实例

（一）虚拟实验室

信息技术在高中化学教学中的应用之一是虚拟实验室的创建，这一创新形式可以为学生提供安全且成本效益较高的实验环境。虚拟实验室通过模拟真实的实验室环境，使学生能够在计算机上进行各种化学实验，而不需要担心实际实验中可能出现的危险或高昂的材料费用。

虚拟实验室的核心优势在于能够模拟各种化学实验，包括那些在传统实验室中难以进行的实验。例如，一些涉及有毒化学品或极端条件的实验，通过虚拟实验室可以安全地进行演示，而不会将学生或教师置于危险之中。虚拟实验室还可以重复进行实验，有助于学生不断尝试不同的实验条件，探索化学反应的不同结果。

在虚拟实验室中，学生可以接触到各种化学仪器和设备，这些在现实中可能由于成本或空间限制而无法提供。通过虚拟实验室，学生可以练习使用天平、分光光度计和色谱仪等，从而加深对化学实验技术的理解。

虚拟实验室还可以提供丰富的数据记录和分析功能。学生可以轻松记录实验数据，并通过内置的图表和分析工具对数据进行可视化处理。这种即时的数据分析有助于学生更快地识别模式，验证假设，并得出科学结论。

虚拟实验室有很高的灵活性和可访问性。学生可以在任何时间、任何地点通过互联网访问虚拟实验室，进行自学或完成作业。这种灵活性能适应不同学生的学习节奏，有助于他们提高学习效率。

教师也可以利用虚拟实验室进行教学设计，创建实验活动，以满足特定的教学目标。这些活动可以与课程内容紧密结合，以帮助学生将理论知识与实践技能相结合。

虚拟实验室还可以与在线学习和远程教育相结合，从而为那些无法进入传统实验室的学生提供学习机会。这不仅能扩大化学教学的覆盖范围，还能为化学教学的普及作出贡献。

（二）在线学习平台

在线学习平台能为学生提供灵活的学习方式和丰富的化学课程资源，已经成为化学教学中不可或缺的一部分。课程时代（Coursera）、可汗学院（Khan Academy）等平台通过提供高质量的视频讲座、互动式教学和在线测试，吸引了全球数以百万计的学习者。

这些平台的化学课程通常由知名大学的教授或经验丰富的教育专家设计和讲授，确保了教学内容的权威性和前沿性。课程内容覆盖了从基础化学概念到高级化学理论的各个层次，可以满足不同水平学生的需求。

在线学习平台具有很高的灵活性。学生可以根据自己的时间安排和学习节奏来选择课程，不受地理位置或时间的限制。这种自主学习方式特别适合那些需要在工作之余进行学习的成人学生。

在线学习平台还提供了丰富的互动和协作机会。许多板块设有讨论区，学生可以在这里提出问题、分享想法及讨论难题。这种互动不仅能促进学生之间的交流，还能增强学习社区的凝聚力。

在线课程的评估和反馈机制也是其受欢迎的原因之一。学生可以通过在线测试和作业来检验自己的学习成果，并获得即时反馈。这种及时的评估有助于学生了解自己的强项和弱点，从而更有针对性地进行复习和学习。

（三）教学软件和应用程序

教学软件和应用程序在化学教学中通过提供直观、互动的工具，极大地促进学生对化学概念的理解和掌握。ChemDraw、MolView等专业的化学绘图软件，以及各种化学教学应用程序，已经成为化学学习和教学中不可或缺的辅助工具。

ChemDraw是一款使用广泛的化学结构绘制软件，允许用户轻松创建和编辑复杂的化学结构式与反应机制。通过使用ChemDraw，学生可以绘制出精确的分子模型，包括原子、键、官能团等，从而加深对化学结构的认识。ChemDraw还可以提供丰富的化学数据库，学生可以通过搜索特定的化合物或结构，快速获取相关信息和数据。

MolView 则是一款基于网页的化学分子可视化工具，支持 3D 分子模型的构建和展示。MolView 的界面直观易用，学生可以通过简单的点击和拖动操作，探索分子的三维结构。MolView 还提供了分子属性计算、光谱模拟等功能，可以帮助学生更全面地理解分子的性质和行为。

除了 ChemDraw 和 MolView，还有许多其他的化学教育应用程序，如 ChemDoodle、ChemSketch 等。虽然这些应用程序各有特色，但其共同的功能是帮助学生以更直观、更互动的方式学习化学。这些应用程序通常具备以下特点：

1. 用户界面友好

这些应用程序通常具有直观的用户界面，学生即使没有专业的计算机技能，也能快速上手。

2. 互动性高

许多工具允许学生通过拖动、旋转和缩放等操作，进行化学结构的绘制，这种互动性有助于提高学生的学习兴趣和参与度。

3. 实时反馈

一些应用程序能够提供实时的化学属性计算和反馈，如反应能量、分子极性等，以帮助学生理解结构与性质之间的关系。

4. 集成学习资源

许多软件和应用程序集成了丰富的学习资源，如教学视频、在线教程和参考手册，可以为学生提供全面的学习支持。

5. 具有协作功能

一些工具支持多用户协作，允许学生在同一个化学结构上共同工作，可以促进团队合作和交流。

教学软件和应用程序在化学教学中的应用，不仅能提高学生的学习效率，而且能通过提供丰富的视觉和互动体验来增强学生对化学知识的理解与记忆。

三、信息技术在高中化学教学应用中的挑战

尽管信息技术在高中化学教学的应用中有许多优势，但也存在一些挑战：

（一）存在技术门槛

信息技术在化学教学中的应用确实有一系列优势，但也伴随着一些挑战，尤其是对教师而言，技术门槛是一个不小的障碍。许多教师在传统的教学模式下积累了丰富的经验，但当涉及将信息技术融入教学时，可能会感到力不从心。

技术的快速迭代要求教师不断学习和更新知识。新的软件、应用程序和在线平台层出不穷，教师需要投入大量的时间和精力熟悉这些工具，这对于已经承担了繁重教学任务的教师来说，无疑是一项挑战。不同教师对技术的掌握程度不同，一些教师可能更容易接受和适应新技术，而另一些教师则可能感到困惑和不适应。

即使教师掌握了必要的技术技能，但如何将这些技术有效地融入教学也是一个问题。掌握技术本身并不是目标，如何利用技术增强教学效果、促进学生的学习才是关键。这就要求教师不仅要了解技术，还要了解如何将技术与教学内容和学习目标相结合，设计出可以满足学生需求的教学活动。

学校和教育机构的支持也至关重要。提供足够的培训资源、技术设备和资金支持，可以帮助教师克服技术门槛，更好地利用信息技术进行教学。然而，并非所有学校都有这样的条件，资源的不均衡分配可能会对教学产生影响。

为了应对这些挑战，学校和教育机构应定期为教师提供信息技术培训，帮助他们掌握所需的技能和知识；鼓励教师分享自己的经验和实践，相互支持和鼓励；开发和选择易于使用的教学工具，降低技术使用难度，使教师能够快速上手；为教师提供持续的技术支持和咨询服务，帮助他们解决在使用信息技术的过程中遇到的问题；鼓励教师从小规模的尝试开始，逐步将信息技术融入教学中，而不是一开始就进行全面的技术改革；定期评估信息技术在教学中的应用效果，收集教师和学生的反馈，以不断优化和改进。

这些措施可以帮助教师克服技术门槛，更好地利用信息技术进行教学。同时应认识到，信息技术只是教学工具之一，应与教师的教学智慧和专业判断相结合，共同促进学生的全面发展。

（二）学生个体之间存在差异

在高中化学教学中，必须面对学生在信息技术接受程度上的差异，这可能会对教学效果产生显著影响。学生对技术的熟悉度、学习能力、兴趣和动机等方面可能存在差异，这些差异需要在教学设计中予以考虑。

学生的技术熟悉度存在显著差异。一些学生可能从小就接触和使用各种电子设备及在线工具,所以对信息技术有很高的接受度、适应性强。另一些学生可能由于家庭条件、学校资源或个人兴趣等因素,对信息技术的接触较少,因此在化学教学中使用信息技术时可能会感到不适应。

学生的学习能力和认知风格也会影响他们对信息技术的接受程度。例如,一些学生可能更喜欢视觉学习模式,而信息技术可以提供丰富的视觉辅助材料,如化学结构的三维模型和动画演示。然而,对于那些更喜欢动手操作或口头交流的学生,单纯的信息技术可能无法满足他们的学习需求。

学生对信息技术的态度和兴趣也是一个重要因素。一些学生可能对信息技术充满好奇,愿意积极探索和尝试。另一些学生可能对信息技术持有抵触情绪,更喜欢传统的学习方式,这可能会影响他们对信息技术教学的接受度和参与度。

为了应对这些挑战,教师可以采取如下措施:第一,根据学生的特点和需求,设计差异化的教学活动,使每个学生都能从信息技术中获益;第二,为不同水平的学生提供不同层次的指导和支持,帮助他们逐步提高信息技术的使用能力;第三,设计有趣的、与学生兴趣相关的学习活动,激发学生对信息技术的兴趣;第四,提供其他形式的学习材料,如教科书、实验演示视频等,以满足不同学生的学习偏好;第五,在教学中融入技术素养教育,帮助学生理解信息技术的工作原理,提高对技术的理解和应用能力;第六,为学生提供必要的技术支持和帮助,如技术指导、故障排除等,确保他们能够顺利使用信息技术。

通过采取这些措施可以最大限度地降低学生个体差异对教学效果的影响,确保所有学生都能从信息技术中受益,增强化学教学的整体效果。

(三)信息过载

信息技术虽然为化学教学带来了丰富的资源、提供了便利,但是可能导致信息过载。在数字化时代,学生可以轻易获取大量的化学信息,这虽然有其积极的一面,但也存在潜在的负面影响。信息过载可能会使学生感到压力,难以筛选和处理这些信息,从而影响学习效率和质量。

互联网上有大量的化学教学视频、文章、论坛讨论和在线课程。面对海量的信息,学生会感到不知从何下手,在不同资源之间徘徊,无法集中精力深入学习。这种"选择困难"不仅会浪费学生的时间,还可能会削弱他们的学习动力。

信息过载可能导致学生注意力分散。在浏览信息时,学生容易受到不相关链接、社交媒体更新和其他在线干扰的影响,从而偏离学习目标。这种分散的注意力会影响学生对化学概念的深入理解和掌握。

过多的信息可能会使学生难以辨别信息的质量和可靠性。网络上的信息质量良莠不齐，学生可能缺乏必要的判断力来区分哪些信息是准确和有用的，哪些是错误和无用的。

为了应对信息过载带来的挑战，教师可以采取以下措施：第一，培养学生的批判性思维能力，教会他们从来源和逻辑方面来评估信息，以辨别信息的真伪；第二，提供指导，帮助学生学会筛选和选择最有价值的学习资源；第三，设计有针对性的教学活动，明确学习目标，引导学生集中精力学习最关键的概念和技能；第四，利用在线学习管理系统或其他有组织的资源平台，将学习材料和活动整合在一起，减少学生在不同网站间的切换；第五，在教学中有意限制信息量，避免一次性提供过多内容，而是分阶段、有重点地介绍信息；第六，鼓励学生培养自我调节学习能力，学会自我控制、管理自己的学习时间和注意力。

教师通过采取这些措施，可以帮助学生更有效地管理信息，提高学习效率和质量。同时，教师也应该意识到，信息技术是辅助教学的工具，而不能代替教师的专业知识和指导。教师的角色是引导者和协助者，要帮助学生在信息丰富的环境中找到适合自己的学习路径。

在高中化学教学中应用信息技术不仅能提高教学效率，还能激发学生的学习兴趣，为传统教学模式带来革命性的改变。

第二节 多媒体教学资源的开发与利用

在现代教育中，多媒体教学资源的开发与利用已成为增强教学效果的重要手段。对于高中化学这门学科，多媒体资源不仅有助于增强学生的学习兴趣，还能帮助他们更直观地理解复杂的化学概念和实验过程。

一、多媒体教学资源的优势

（一）以视觉形式呈现

传统的化学教学往往依赖文字和静态图像，这在解释复杂的化学概念和过程时存在一定的局限性。然而，多媒体资源能通过动态的图像和视频，为学生提供更直观和生动的学习体验。

利用多媒体技术可以展示分子和原子的三维结构，这对于学生理解化学键和分子间作用力至关重要。通过旋转和缩放分子模型,学生可以从不同角度观察分子,这种互动性可以极大地增强他们的空间想象力。

动画可以用来模拟化学反应的过程,从反应物到产物的转变不再是抽象的概念,而是一系列可视的步骤。学生可以看到原子是如何重新排列形成新的化学键的,以及能量在反应过程中是如何转换的。这种动态的演示有助于学生建立化学反应的微观视角。

多媒体还可以展示实验操作的详细步骤,这对于演示无法在课堂上进行的实验尤为重要。通过视频演示,学生可以观察可能存在危险的化学反应,同时学习正确的实验技巧。视频还可以展示实验中可能出现的意外情况,帮助学生理解实验安全的重要性。

多媒体资源还可以用于展示化学现象的宏观效果,如燃烧、爆炸和颜色变化等。这些视觉效果不仅能够吸引学生的注意力,还能够激发他们的好奇心,促使他们进一步探索背后的化学原理。

多媒体教学资源具有灵活性和可定制性。教师可以根据学生的具体需求和学习进度,选择最合适的多媒体材料。多媒体资源可以轻松地集成到电子教学平台上,方便学生在课后复习和自学。

(二)信息量大

多媒体教学资源在高中化学课程中的应用,可以极大地提高信息的集成度和可访问性。这种信息的丰富性不仅有助于学生在课堂上进行学习,还能为他们课后的复习和深入研究提供便利。

多媒体教学资源可以整合大量的化学知识,包括化学反应、实验操作、分子结构等,这些内容可以通过视频、动画、图表和文字等多种方式呈现。学生可以通过观看视频回顾课堂上的实验过程,或者通过动画来理解复杂的化学概念。这种多维度的信息展示方式,有助于学生从不同角度理解化学知识,加深记忆。

多媒体教学资源往往包含互动元素,如模拟实验和在线测试,这些互动不仅能够检验学生对知识的掌握程度,还能够激发他们的学习兴趣。通过模拟实验,学生可以在没有风险的情况下尝试不同的实验条件,并观察实验结果的变化,这种探索性学习有助于培养学生的科学思维。

多媒体资源更新速度快,可以及时反映最新的科学研究成果。教师可以利用这个特点,将最新的化学发现和理论引入教学中,帮助学生了解化学学科的前沿动态。同时,多媒体资源也可以提供丰富的扩展阅读材料,如科学文章、研究报告和在线课程，这些材料可以引导学生进行更深入的学习和研究。

多媒体教学资源的可搜索性也是其信息量大的一个重要体现。学生可以通过关键词搜索，快速找到他们感兴趣的化学主题。无论是基础概念还是高级理论，都能够在多媒体资源中找到相应的解释和示例。这种便捷的信息获取方式，能极大地提高学生的学习效率。

多媒体教学资源的共享性也不容忽视。教师和学生可以通过网络平台分享多媒体教学材料，这些材料可供其他教师和学生使用与参考，从而形成一个丰富的教学资源库。这种资源的共享不仅能促进教学经验的交流，还能提高教学资源的利用效率。

（三）灵活性高

多媒体教学资源可以根据学生的学习进度进行个性化调整。每个学生的学习速度和理解能力都不尽相同，传统的课堂教学很难满足所有学生的需求。然而，利用多媒体教学资源，教师可以为不同水平的学生提供不同难度的学习材料，这样每个学生都能按自己的节奏学习。例如，对于基础薄弱的学生，可以提供更多的基础知识讲解和练习；而对于学有余力的学生，可以提供更深入的拓展材料和研究课题。

多媒体教学资源可以根据学生的兴趣进行定制。兴趣是最好的老师，当学习内容与学生的兴趣相结合时，学生的学习动力和效率往往会大大提高。教师可以先调查学生的兴趣爱好，再选择或制作相关的多媒体教学材料，如将化学知识与学生喜欢的科幻电影、体育赛事等结合起来，使学习过程更加生动有趣。

多媒体资源的灵活性还体现在其使用方式上。学生可以根据自己的学习习惯和偏好，选择观看视频、进行模拟实验、参与在线讨论等方式学习。自主选择学习方式，不仅能够帮助学生提高学习的积极性，还能够培养学生的自主学习能力。

多媒体教学资源的灵活性还表现在其在时间和空间上比较自由。学生可以随时随地通过互联网访问多媒体教学资源，不再受制于课堂教学的时间和地点限制。这种灵活性能为学生提供更多的学习机会。尤其是对于居住在偏远地区，或者因其他原因无法参加面授课程的学生来说，多媒体教学资源可以为其提供宝贵的学习途径。

多媒体教学资源的灵活性还体现在其易于更新和修改的特点上。随着科学技术的不断进步和化学知识的不断更新，教学内容也需要不断更新。多媒体教学资源方便进行修改和补充,因此教学内容始终保持最新状态。同时,教师也可以根据学生的反馈和学习效果,及时调整教学策略和内容。

二、多媒体教学资源的开发

(一)课件制作

在高中化学教学中,课件制作是多媒体教学资源开发的核心环节。高质量的课件能够显著提高学生的学习效率和兴趣。

课件的内容必须科学准确,确保传达的化学知识无误。这就要求课件开发者具备扎实的化学专业知识和教学经验。同时,课件应包含丰富的视觉元素,如高质量的图像、动画和视频,以吸引学生的注意力,帮助他们更直观地理解化学概念。

课件应具有高度的互动性。采用模拟实验、在线测验和问题解答等互动方式,不仅可以提高学生的参与度和学习兴趣,还能够帮助学生更好地掌握知识点,加深理解。

课件的结构应该清晰有序,每个知识点都应有明确的讲解和示例。这有助于学生逐步构建完整的知识体系,并且紧跟教学进度。同时,课件内容应能适应不同水平的学生,提供不同难度的学习材料,以满足不同学生的需求。

课件的兼容性也非常重要。课件应能够在多种设备上运行,包括平板电脑和智能手机等,以适应不同学生的学习环境。课件应包含易于更新的框架,以便快速反映最新的教学内容。

为了提高课件的吸引力,可以在保证科学性的基础上,适当加入创意元素,如游戏化学习、故事情境等,使学生的学习过程更加生动有趣。同时,课件应包含反馈机制,允许学生提出疑问和建议,教师也可以根据学生的反馈调整教学策略。

课件应包含评估工具,如自我测试等,以帮助学生评估自己的学习效果,同时为教师提供学生的学习反馈。这有助于教师了解学生的学习情况,及时调整教学方法。

(二)视频资源

视频资源在高中化学教学中扮演着至关重要的角色,特别是在展示实验操作和化学反应过程方面。在录制化学实验视频时需要考虑的关键要素有以下几个:

1. 安全性

化学实验往往涉及易燃、易爆、有毒或腐蚀性物质，因此在录制视频时，必须确保所有操作均符合安全规范，使用适当的防护装备，并在必要时提供安全警告。

2. 清晰度

视频的清晰度对于学生能否清楚地观察实验细节至关重要。要拍摄出清晰度高的视频需要满足两个条件：一是使用高质量的拍摄设备，二是确保实验操作在良好的光照条件下进行。

3. 解说

视频中应包含详细的解说，如解释实验目的、实验步骤、观察到的现象，以及实验结果的意义。解说应简洁明了，避免使用过于复杂或专业的术语。

4. 视角

在录制视频的过程中，应从多个角度展示实验，以确保学生能够全面了解实验过程。对于关键步骤，可以采用特写镜头，以便学生能够更清楚地看到细节。

5. 编辑

后期编辑是提升视频质量的重要环节。通过剪辑，可以去除不必要的部分，突出重点，使视频内容更加紧凑和流畅。还可以通过添加文字、动画等元素，进一步解释实验内容。

6. 互动性

在视频中加入问题或小测试，鼓励学生在观看过程中思考和参与，这样可以增强视频的互动性，丰富学生的学习体验。

7. 补充材料

视频可以与课件、讲义等其他教学资源相结合，从而为学生提供更全面的学习材料。例如，在视频中提到的关键概念或公式，可以在讲义中进一步解释。

教师通过精心设计和制作化学实验视频，可以更有效地展示实验操作和化学反应过程，同时激发学生的学习兴趣。

（三）在线测试平台

在高中化学教学中，在线测试平台的设计应该充分考虑高中生的认知特点和学习需求。平台界面应简洁直观，易于操作，以减少学生在测试过程中的分心现象。同时，为了防止作弊，平台应采用技术手段限制 IP 地址访问、监控测试行为、随机化题目顺序等，以确保测试的公平、公正。

测试题目的编制应紧密结合高中化学课程标准，涵盖重要知识点，如物质的量、化学反应速率、化学平衡等。题目难度应与学生的学习进度相匹配，既要有基础题，也要有提高题，以全面评估学生的化学知识掌握情况。题目类型可以多样化，可以包括选择题、填空题、计算题等，以评估学生的能力。

在线测试平台还应具备强大的数据分析功能。通过收集学生的测试数据，平台可以生成详细的成绩报告，包括每个知识点的掌握情况、错题分析等。这有助于教师了解学生的学习状况，及时调整教学策略。同时，学生也可以根据成绩报告，发现自己的薄弱环节，从而有针对性地进行复习。

在线测试平台应具备良好的互动性。如果学生在测试过程中遇到问题，可以及时向教师反馈。教师也可以通过平台，向学生提供指导和帮助。这种互动不仅能提高学生学习的积极性，还能增强师生之间的联系。

在线测试平台的维护和更新也非常重要。随着化学课程内容的更新，测试题目也需要不断调整和完善。平台的技术问题也需要定期进行检查和修复，以确保测试的顺利进行。

三、多媒体教学资源的利用

（一）课前预习

课件的设计应针对高中化学的特定主题，如原子结构、化学键、化学反应等，以确保学生能够对即将讲授的内容有基本的了解。课件应包含关键概念的定义、反应机理的图解，以及实验操作的步骤说明。使用清晰的布局和突出重点的设计，能帮助学生快速识别和记忆重要信息。

视频资源可以作为课件的有效补充。教师可以通过展示实验操作、演示化学反应的动态过程或复杂的概念，增强学生的直观理解。视频应由经验丰富的教师或专业人士制作，以确保内容的科学性和准确性，同时应注意控制时长，避免学生因视频过长而失去兴趣。

为了提高预习的针对性和效率，教师可以提供预习指南，明确指出预习的重点和难点，以及预习中可能遇到的问题和解决策略。教师可以设计预习前的小测试或问题，以激发学生的好奇心和探索欲，促使他们主动思考和学习。

在学生完成预习后，教师可以通过在线平台收集学生的预习反馈，了解他们对即将学习的内容的掌握程度，从而在课堂上进行更有针对性的讲解。这种反馈机制有助于教师及时调整教学计划，确保所有学生都能跟上课程进度。

教师还应鼓励学生在预习过程中提出问题，并在可能的情况下提供实时的在线答疑，以加强师生互动，提高学生预习的积极性。这种互动不仅限于解疑答惑，还包括对预习内容的深入讨论，以帮助学生建立更深层次的理解。

（二）课堂讲解

多媒体工具不仅可以有效地展示化学分子和原子的结构，还可以通过三维模型和动画帮助学生直观地理解复杂的概念，如分子的几何构型、化学键等。这种视觉呈现方式比传统的黑板绘图或口头描述更能吸引学生的注意力，加深他们的记忆。

多媒体演示可以模拟化学反应的过程，如可以通过动画展示反应物是如何转化为生成物的，包括电子的转移、化学键的断裂与形成等微观细节。这种动态的演示方式能够让学生对化学反应的机理有更深刻的认识，从而提高他们的理解能力和学习兴趣。

多媒体教学资源还包括实验操作的步骤和注意事项。通过视频演示，学生可以清楚地看到实验的具体操作，了解实验的安全性和精确性要求。这不仅能提高实验教学的安全性，还能增强学生对实验操作的理解和记忆。

在课堂讲解中，教师可以利用多媒体工具进行实时互动，如通过电子白板进行现场演示，或者使用在线投票系统收集学生的即时反馈。采用这种互动方式能够及时了解学生的学习进度和理解程度，从而帮助教师及时调整教学节奏和方法。

多媒体教学还应注重与学生的个性化学习需求相结合。教师可以提供在线资源，如互动模拟软件、在线习题库等，以供学生在课后复习和练习使用。这些资源可以根据学生的学习进度和兴趣进行个性化定制，从而提高其学习效率。

（三）实验演示

在高中化学教学中，实验演示是学生理解化学原理和培养科学探究能力的重要环节。然而，由于化学实验可能有一定的安全风险，以及实验材料和环境的限制，实际操作并不总是可行的。因此，利用多媒体教学资源进行实验演示，不仅可以有效地降低这些风险，还可以为学生提供更加直观和丰富的学习体验。

视频演示是一种常见的多媒体教学手段。通过精心制作的化学实验视频，学生可以清楚地看到化学反应的过程，包括反应物的混合、反应条件的控制及产物的形成等。视频可以暂停、回放，这样学生能够更细致地观察实验的每个步骤，加深对化学知识的理解。

模拟软件可以为学生提供虚拟的实验环境。通过模拟软件，学生可以自由地选择不同的化学试剂和实验设备，进行各种化学反应的模拟。这种模拟不仅安全，而且可以让学生尝试那些在真实实验室中难以进行的实验，如危险性高或成本高的实验。通过模拟实验，学生不仅可以更深入地理解化学反应的原理，还可以培养实验设计和问题解决能力。

多媒体教学资源还可以结合互动元素，以提高学生的参与度。例如，教师可以设计一些互动问题，让学生在观看视频或进行模拟实验后回答。这种互动方式可以激发学生的学习兴趣，使他们更加积极地参与到学习过程中。

在利用多媒体教学资源进行化学实验演示时，教师应该注重内容的准确性和科学性。视频和模拟软件中的实验操作与结果必须真实可靠，以确保学生获得准确的化学知识。同时，教师还应该引导学生思考实验背后的科学原理，而不应只停留在表面现象上。

多媒体教学资源的利用应该与学生的实际操作相结合。虽然模拟实验可以提供安全的学习环境，但学生仍然需要通过真实的实验操作来巩固知识和技能。因此，教师应该在适当的时候安排学生进行实际的化学实验，以确保他们能够将理论知识应用到实践中。

（四）课后复习

在高中化学教学中，课后复习是学生巩固所学知识的重要环节。多媒体教学资源的利用可以极大地提高复习效率，帮助学生更有效地掌握和运用知识点。

多媒体教学资源可以提供丰富的复习资料。教师可以将教学视频、PPT讲义、习题集等资料上传到在线学习平台上，供学生随时查阅。这些资料可以帮助学生回顾课堂内容，加深对知识点的理解和记忆。

多媒体教学资源还可以提供互动式的学习体验。例如，教师可以设计一些互动式的复习游戏或活动，如化学元素周期表的配对游戏、化学反应方程式的填空游戏等。这些互动式的学习活动可以提高学生的参与度，使他们在轻松愉快的氛围中进行复习。

在利用多媒体教学资源进行课后复习时，教师应该注意复习资料要与教学内容紧密联系，避免提供过多无关的信息，以免增加学生的学习负担；测试的题目应该覆盖所有重要的知识点，且难度适中，以满足不同学生的学习需求；教师应该鼓励学生主动利用多媒体教学资源进行复习，而不是被动地等待教师的指导；教师应该定期检查学生的学习进度和测试成绩，以及时提供反馈和指导，帮助学生解决在学习中遇到的问题。

合理利用多媒体教学资源，可以有效地增强高中学生的课后复习效果，帮助他们更好地掌握和运用所学知识。

四、案例分析

（一）原子结构教学

在原子结构教学中，多媒体教学资源的利用可以极大地增强学生的学习体验、加深其理解深度。可以通过动画展示原子的电子云模型，从而帮助学生理解原子的内部结构。

（1）通过一段精彩的开场白，激发学生对原子内部结构的兴趣。可以提出一些基本问题，如原子是如何构成的？电子是如何在原子内部运动的？

（2）简要回顾原子的基本组成，包括原子核和围绕核运动的电子。可以使用简洁明了的语言和图像，为学生建立清晰的原子结构概念框架。

（3）引入电子云模型的概念。解释电子不是固定在某个轨道上，而是以概率的形式存在于原子周围的空间中的。这个概念对于学生来说可能较为抽象，因此，可以使用动画来展示电子云模型。

利用动画软件创建一个动态的电子云模型。动画可以展示电子在不同能级上的分布，以及它们如何在原子核周围形成云状的区域。动画中的视觉效果可以帮助学生直观地理解电子的分布和运动。

为了增强互动性，可以设计一些互动环节，如让学生通过模拟软件构建自己的原子模型。这种实践操作可以加深学生对电子云模型的认识，并激发他们的探索欲。

如果条件允许，可以结合实验演示来进一步增强学生的直观感受。例如，可以使用阴极射线管来展示电子的存在和运动。

（4）引导学生进行讨论和思考，如电子云模型是如何影响化学反应的，以及它在现代科技中的应用。这不仅能帮助学生巩固所学的知识，还能激发他们对科学的兴趣。

（5）布置相关的作业，如绘制特定原子的电子云图，或者讨论电子云模型在解决某个科学问题中的应用。同时，收集学生的反馈，评估多媒体教学资源的有效性，并根据反馈进行调整。

（二）化学反应速率

在化学反应速率的教学中，模拟软件可以作为一种强有力的工具，帮助学生直观地理解影响化学反应速率的各种因素。以下是利用模拟软件展示化学反应速率变化的案例分析。

（1）通过提出一些基本问题（如为什么某些化学反应会迅速发生，而另一些则需要很长时间？）来激发学生的好奇心，并引入化学反应速率的主题。

（2）简要介绍化学反应速率的基本概念，包括反应速率的定义、表示方法及衡量方式。

（3）引入影响化学反应速率的关键因素，如温度、浓度、催化剂等。对于每个因素，可以展示一个简单的实验或现象，以帮助学生建立直观的认识。

（4）利用模拟软件创建不同条件下的化学反应模型。例如，可以模拟在不同温度下同一反应的速率变化，或者展示不同浓度的化学物质如何影响反应速率。通过调整模拟软件中的参数，学生可以直观地看到反应速率的变化。也可以让学生亲自操作模拟软件，改变反应条件，观察并记录反应速率的变化。这种主动探索的过程可以加深学生对化学反应速率影响因素的理解。

（5）设计一些讨论环节，让学生思考和讨论不同因素是如何影响反应速率的，以及这些因素在现实世界中的应用。例如，可以讨论为什么工业生产中会使用催化剂，或者为什么某些药物需要在特定的温度下储存。

（6）布置相关的作业，如要求学生设计一个实验来探究某个特定因素对反应速率的影响，或者分析一个实际问题，说明如何通过控制反应速率来优化生产过程。

（三）有机化学

在有机化学的教学中，立体化学的理解对于学生来说是一大挑战，但3D模型和模拟软件的使用可以极大地帮助他们掌握这个概念。以下是通过3D模型展示有机分子结构的案例分析。

（1）引入有机化学的立体化学概念，解释分子的三维形状对其性质和反应性的影响。通过提出问题（如为什么某些药物的两种镜像分子会有不同的生物活性？）可以吸引学生的注意力。

（2）介绍有机分子的基本概念，包括手性、顺反异构和对映异构等。这些概念对于理解有机化学的立体化学至关重要。

（3）利用 3D 模型或模拟软件展示有机分子的结构。通过旋转和缩放 3D 模型，学生可以直观地看到分子的立体构型，包括原子之间的相对位置和键的几何形状。例如，可以展示一个手性碳原子的四面体构型，以及不同取代基在空间中的排列。

（4）设计互动环节，让学生通过模拟软件构建自己的有机分子模型。这种实践操作可以加深学生对分子立体构型的认识，并激发他们的探索欲。或者可以结合实验演示来进一步增强学生的直观感受。例如，使用模型套展示不同立体构型的分子，如顺式异构体和反式异构体。

（5）引导学生进行讨论和思考，如立体化学在药物设计、农药合成等领域的应用。这不仅能帮助学生巩固所学的知识，还能激发他们对有机化学的兴趣。

五、开发与利用多媒体教学资源的挑战与对策

（一）技术限制

在多媒体教学资源的开发与利用中，技术限制是其中一个主要问题，直接影响教学资源的可访问性和有效性。为了克服这项挑战，需要采取一系列的对策。

兼容性问题是技术限制中最突出的一个。不同的设备和软件之间可能存在不兼容的情况，这会导致多媒体教学资源无法在所有学生所拥有的设备上顺利运行。为了解决这个问题，开发者需要确保教学资源能够在多种操作系统和设备上无缝运行。这可能涉及使用跨平台的编程语言和工具，以及开发适应不同屏幕尺寸和分辨率的响应式设计。

为了确保所有学生都能访问到这些资源，教育工作者和技术开发者需要考虑不同学生的技术背景与能力。这可能意味着需要提供多种访问方式，如网页、移动应用或者桌面软件，以满足不同学生的需求。同时，还需要提供易于理解的技术指导和辅助文档，以帮助学生解决在使用过程中可能遇到的技术问题。

网络连接的稳定性和速度也是一个不容忽视的问题。在一些地区，尤其是偏远地区，网络连接可能并不稳定，这会影响学生访问和使用多媒体教学资源。因此，开发离线访问功能或提供低带宽优化版本，可以作为解决这个问题的对策之一。

随着技术的不断进步，原有的多媒体教学资源可能需要更新，以适应新的技

术标准。因此，建立持续更新和维护的机制，可以确保教学资源始终保持最新状态，同时能够及时修复可能出现的技术问题。

（二）资源更新

在教育领域，多媒体教学资源的持续更新能够确保学生接触到的信息是最新的、最准确的。但资源更新本身也面临着一系列挑战，需要采取相应的对策来应对。

科学和技术的快速发展意味着多媒体教学资源需要不断更新，以跟上时代的步伐。这就要求教育工作者和资源开发者密切关注最新的科学发现与教学方法，以便及时将这些新知识融入教学资源中。这不仅涉及对现有资源的更新，还可能包括开发全新的教学材料来反映新的学术研究或技术进步。

更新教学资源需要考虑不同学科的特点。例如，在自然科学领域，需要迅速将新的研究成果整合到课程中；而在人文学科中，对历史事件的新解释或文学作品的新批评可能需要较长时间被广泛接受和理解。因此，更新的频率和方式需要根据不同学科的特点来定制。

资源更新需要考虑学生的学习需求和接受能力。更新的资源应该以学生为中心，确保新加入的内容既能激发学生的学习兴趣，又符合他们的学习水平。这可能需要教育工作者和资源开发者进行深入的研究与测试，以确保更新后的教学资源能够有效地促进学生的学习。

资源更新需要考虑技术的更新。随着多媒体技术的发展，教学资源的呈现方式也在不断改变。从传统的文本和图片到视频、动画及虚拟现实，技术的更新为教学带来了更多的可能性。因此，多媒体教学资源的更新也需要跟上技术的步伐，利用最新的技术手段来增强教学效果。

资源更新还需要考虑成本和可持续性。更新教学资源可能需要投入大量的时间和资金，因此需要制订合理的更新计划和预算。同时，需要考虑如何利用现有的资源和技术，以最低的成本实现教学效果的最大化。

多媒体教学资源的开发与利用是高中化学教学中不可或缺的一部分。合理利用这些资源，不仅可以提高学生的学习兴趣和理解能力，还可以为教师提供更多样化的教学手段。随着技术的不断进步，未来的多媒体教学将更加智能化和个性化，并为高中化学教学带来革命性的变化。

第三节 跨学科视角下的高中化学教学

化学作为一门基础学科，不仅在科学领域占有重要地位，还与人们的日常生活密切相关。随着教育的发展，跨学科的教学模式逐渐受到重视。这是因为跨学科教学不仅能提高的学生综合能力，还能培养学生的创新思维和问题解决能力。

一、跨学科教学的重要性

（一）整合知识

跨学科教学在当今教育领域中通过将化学知识与其他学科的知识相结合，为学生提供更全面和深入的学习视角。这种教学模式的核心在于促进知识的整合，帮助学生构建多维度、互联互通的知识体系。

跨学科教学能够提高学生对化学概念理解和应用的能力。例如，将化学与生物学相结合，学生可以以化学的视角来理解生物分子的结构和功能，从而更深入地认识生命现象背后的化学原理。将化学与物理相结合，学生可以理解材料的性质和化学反应的物理过程，如能量转换和分子间的相互作用。

当学生面对一个涉及多门学科的问题时，他们需要综合运用不同学科的知识和方法来分析问题，并提出解决方案。这个过程不仅能锻炼学生的综合思维能力，还能激发他们的创新思维，鼓励他们从不同角度探索问题。

跨学科教学还能够提高学生的实践能力和解决实际问题的能力。通过将化学知识应用到其他学科的实际问题中，学生可以更好地理解化学知识的实际应用价值，提高将理论知识转化为实践操作的能力。例如，在环境科学领域，学生可以利用化学知识来分析和解决环境污染问题，如通过化学反应来净化污水或降解有害物质。

跨学科教学还能促进学生对知识的深入探究和终身学习。在跨学科的学习环境中，学生会遇到各种各样的问题，促使他们不断探索新知识，养成持续学习的习惯。

（二）拓展思维

跨学科学习是一种教育创新，通过整合不同学科的知识和方法为学生提供多角度、多维度的思维框架。这种学习方式不仅能丰富学生的知识结构，更重要的是能极大地拓宽学生的思维视野。

跨学科学习能够使学生从多个视角审视同一个问题。例如，在研究环境污染问题时，学生不仅可以从化学的角度了解污染物的性质和处理方法，还可以从生物学的角度探讨污染物对生态系统的影响，或者从经济学的角度分析污染治理的成本和效益。这种多角度的思考有助于学生全面理解问题的复杂性，避免单一学科视角带来的局限性。

跨学科学习能激发学生的好奇心和探索欲。当学生接触到不同学科的知识时，他们会自然而然地产生将这些知识联系起来的欲望，提高主动探索未知领域的动力。这种探索精神是创新思维的重要基础，鼓励学生不断提出新问题，寻找新的解决方案。

跨学科学习有助于培养学生的批判性思维。在跨学科学习过程中，学生会遇到各种不同的观点和理论，他们需要学会分析、比较与评估这些观点和理论的有效性。培养批判性思维能力对于学生未来的学术研究有重要意义。

跨学科学习能提高学生的沟通和协作能力。在跨学科项目中，学生往往需要与不同学科背景的同学或老师合作。这种跨学科的沟通和协作不仅能够增进学生对其他学科的了解，还能够提高他们的团队合作能力。

（三）实践应用

跨学科教学的核心在于将抽象的理论知识与现实世界的实际问题相结合，通过解决具体问题来提升学生的实践技能和应用能力。这种教学模式不仅能加深学生对知识的理解，而且能锻炼他们解决复杂问题的能力。

跨学科教学的实践应用有助于学生将化学原理用来解决生物学、物理学、环境科学等领域的问题。例如，在生物学实验中，学生可以利用化学知识分析蛋白质的结构，进而了解其生物学功能。这种跨学科的实践操作有助于学生理解化学知识在其他学科中的应用价值，增强对知识的综合运用能力。

跨学科教学的实践应用有助于培养学生的创新思维。在解决实际问题的过程中，学生需要运用多门学科的知识和技能，这就要求他们能进行创新思考，提出新的解决方案。例如，面对环境问题，学生可能需要结合化学和环境科学的知识，设计出一种新的污染物处理方法。这种创新过程不仅能锻炼学生的实践能力，还能培养他们的创新精神。

跨学科教学的实践应用有助于学生的职业发展。通过参与跨学科项目，学生能获得宝贵的实践经验，这些经验对于他们未来的职业生涯具有重要意义。无论是在科学研究、工业生产还是社会服务等领域，跨学科的实践能力都是一项宝贵的资产。

二、化学与数学的融合

（一）化学与数学的内在联系

化学和数学虽然是两门独立的学科，但它们之间存在密切的联系。数学为化学提供了一种精确的语言和工具，用于描述和预测化学现象。例如，化学中的许多概念，如摩尔、化学反应速率、化学平衡等，都可以通过数学公式和模型进行精确的表达。

（二）数学在化学中的应用

数学是化学研究和教学中不可或缺的工具，在化学的多个领域发挥着重要作用。

1. 化学计量学

化学计量学是化学中数学应用的基础，涉及摩尔的概念、物质的量与质量、体积和浓度之间的关系等。学生通过学习化学计量学，能够进行化学反应的定量分析，掌握如何根据化学反应方程式计算反应物和生成物的量，这是理解和进行化学实验的核心技能。

2. 化学平衡

化学平衡是描述反应物和生成物在一定条件下达到动态平衡的化学现象。数学在化学平衡的分析中扮演着关键角色。通过计算平衡常数，可以定量描述反应的平衡状态。学生可以利用数学方法，如解方程和处理数据，预测和控制化学反应的平衡，这对于理解和设计化学反应过程至关重要。

3. 化学动力学

化学动力学主要探讨化学反应的速率和机理。数学模型，尤其是速率方程和积分形式的动力学方程，是描述反应速率随时间变化的重要工具。学生通过学习这些数学模型，可以深入理解影响反应速率的多种因素，如温度、浓度和催化剂等，这对于优化化学反应条件和提高反应效率具有重要意义。

4. 分子结构和化学键

在分子结构和化学键的研究中，数学同样发挥着重要作用。量子化学利用数学工具，如波函数和薛定谔方程，来预测电子的行为和分子的稳定性。这些数学工具不仅能帮助学生理解分子的电子结构，还能揭示化学键的形成和分子间相互作用的本质。

（三）数学对高中化学教学的促进作用

数学不仅能为化学提供定量分析的工具，而且对高中化学教学有着多方面的促进作用。

1. 有助于学生培养逻辑思维

数学训练对于培养学生的逻辑思维至关重要。化学问题往往需要严密的逻辑推理，而数学恰恰可以提供这种逻辑推理的基础。学生在解决化学问题时，必须运用数学逻辑来分析数据、建立定量模型，并推导出合理的结论。这种训练有助于学生形成系统化的思考方式，以及提高问题分析能力。

2. 有助于学生提高解决问题的能力

数学的应用可以极大地提高学生解决化学问题的能力。在化学实验和理论研究中，数学方法被用来定量描述化学反应，如通过化学计量学计算反应物的摩尔比例，或者通过动力学方程预测反应速率。学生通过运用数学工具，能够更精确地设计实验、收集数据，并分析结果，这对于深入理解化学现象和提高研究质量具有重要作用。

3. 可以促进学生的跨学科学习

数学与化学的融合可以为学生的跨学科学习提供良好的范例。在这个过程中，学生不仅能学习化学知识，还能学习如何将数学知识应用于化学问题的解决中。这种跨学科的学习经验能够帮助他们建立不同学科间的联系，培养综合运用知识的能力。这对于学生未来在科研、工程、医药等领域的工作具有深远的影响。

（四）融合数学与化学的教学策略

为了实现数学与化学的有效融合，采取一系列策略是关键。这些策略旨在加强学生对数学与化学之间联系的理解，并提升他们的综合应用能力。

1. 整合课程内容

在设计课程内容时，教师应将数学概念自然融入化学教学中，使学生能够在学习化学知识的同时练习数学技能。例如，教师在讲解化学反应速率时，同时介绍相关的微分方程，可以让学生直观理解数学模型是如何描述化学反应的动态变化的。

2. 采用实际案例

学生可以通过真实的化学问题，如环境监测中的污染物质浓度计算，或者药物剂量的化学计量学，运用数学工具进行实际分析。这种案例教学法不仅能诠释学习的现实意义，而且能提高学生解决实际问题的能力。

3. 鼓励探究式学习

采用探究式学习，引导学生自主探索化学现象背后的数学规律。例如，学生可以研究不同条件下的化学平衡，以探索如何运用数学方法表达和分析这些平衡。

4. 使用技术工具

现代教育技术，如计算机模拟软件和在线计算工具，为数学与化学的融合提供了强有力的支持。这些工具不仅可以帮助学生更直观地理解复杂的数学和化学概念，而且可以用来处理复杂的数据和模型，提高学生的学习效率。

三、化学与生物学的结合

在跨学科教学的背景下，化学与生物学的结合可以为学生提供深入了解生命科学和物质世界相互作用的平台。这种结合不仅能增强学生对化学与生物学的基本概念的理解，而且能促进他们对复杂生物化学过程的认识。

（一）化学与生物学的内在联系

化学是生物学的基础，因为所有生物过程都涉及化学反应。从分子层面来看，生物分子的结构与功能都可以通过化学原理来解释。生物学中的许多问题，如酶的催化机制与代谢途径、遗传信息的传递等，都需要使用化学知识来解答。

（二）生物化学的重要性

生物化学作为化学与生物学交叉的重要领域，对于学生深入理解生命的分子机制具有重要意义。

1. 生物分子的结构与功能

生物化学揭示了生物分子的化学结构与其生物学功能之间的密切联系。例如，蛋白质的氨基酸序列决定了其三维结构，进而影响其生物学活性，如酶的催化作用。通过学习生物化学，学生能够认识到分子层面上的变化是如何影响生物体的功能的，这对于药物设计和疾病治疗具有重要意义。

2. 代谢途径的化学基础

细胞内的代谢途径构成了生命活动的能量和物质基础。这些途径涉及众多酶促反应，每个步骤都遵循化学动力学的规律。学生通过学习代谢途径，可以了解细胞是如何通过精准调控化学反应来维持生命活动的，这对于理解生物体的能量转换和物质循环至关重要。

3. 遗传信息的化学传递

生物化学涉及遗传信息的化学传递机制，即 DNA 和 RNA 的复制、转录及翻译过程。这些过程的化学本质是核酸的合成和降解，以及与蛋白质的相互作用。学生通过学习遗传信息的传递，能够理解生物体是如何精确地复制和表达遗传信息的，这对于遗传学、分子生物学及相关生物技术应用领域具有基础性的作用。

（三）教学中化学与生物学的融合

化学与生物学的融合在教学中可以为学生提供深入了解生命科学和物质世界相互作用的平台。

1. 实验设计

通过设计涉及生物分子提取、分离和分析的实验，学生能够直观地理解化学技术在生物学研究中的应用。例如，通过色谱法分离植物中的不同色素，学生不仅能学到色谱的原理和操作，还能理解不同色素的化学性质。通过聚合酶链式反应（polymerase chain reaction，PCR）技术扩增 DNA 片段，学生可以实践分子生物学中的化学过程，加深对遗传信息复制的理解。

2. 案例研究

通过研究具体的生物学问题，如疾病机理、药物作用等，学生可以了解化学知识是如何解决实际的生物学问题的。例如，通过研究糖尿病的分子机理，学生可以了解胰岛素是如何调节血糖水平的，以及药物是如何通过影响相关生化途径来治疗疾病的。这种案例研究不仅能增强学生对化学在生物学中应用的认识，而且能培养他们解决复杂生物学问题的能力。

四、化学与物理学的交叉

在跨学科教学的背景下，化学与物理学的交叉可以为学生提供深入理解物质世界及其相互作用的综合性视角。这种交叉不仅可以增强学生对两门学科基本概念的理解，还可以促进他们对复杂物理化学过程的认识。

（一）化学与物理学的内在联系

化学和物理学是自然科学的两大支柱，并且它们之间存在密切的联系。物理学提供了描述自然界基本规律的框架，而化学则是在原子和分子层面研究物质的性质、结构、反应及变化。化学与物理学的结合为理解物质世界提供了强有力的工具。

（二）物理化学的重要应用

1. 量子化学

量子化学利用量子力学的原理，深入探索原子和分子的电子结构，以揭示化学键形成的本质及分子的稳定性。对这个领域进行研究不仅可以加深学生对化学反应微观机制的理解，而且可以为化学反应的预测和分子设计提供理论基础。通过学习量子化学，学生能够认识到化学现象背后的量子效应，从而在分子层面掌握化学行为的规律。

2. 热力学与动力学

热力学与动力学的研究为化学反应提供了对能量和速率的科学解释。热力学定律阐述了系统能量的变化规律，用来指导学生理解反应是否自发进行及反应的限度。动力学则关注反应速率的测定和机理分析，以帮助学生掌握如何控制和优化化学反应。通过学习这些原理，学生可以预测和解释化学反应的方向与速率。

3. 材料科学

材料科学结合了化学与物理学的知识，专注于研究和开发具有特定物理性质的材料。学生通过学习材料的化学组成和微观结构，可以理解这些因素是如何决定材料的宏观物理性能的，如电导率、热导率和机械强度。材料科学还涉及如何通过化学合成和物理加工来设计与制造新型材料，以满足特定应用的需求。学生学习这个领域的知识，不仅可以增强对化学与物理学交叉应用的认识，而且可以为他们将来在高科技领域的工作提供宝贵的技能支撑。

（三）教学中的化学与物理学融合

在化学教学中融入物理学的概念和方法，不仅可以极大地丰富学生的知识体系，还可以提高他们解决复杂问题的能力。

1. 实验设计

实验是科学教育的核心。通过设计结合物理测量和化学分析的实验，学生能够直观地理解这两门学科之间的联系。例如，在研究化学反应速率时，学生可以使用计时器测量反应时间，并且可以使用温度计监测反应过程中的温度变化。通过这些物理测量，学生可以观察温度对反应速率的影响，从而深入理解化学动力学的原理。

2. 案例研究

通过案例研究，学生可以将物理学的概念应用于解决化学问题。例如，探讨催化剂是如何通过降低反应的活化能来加速化学反应的。学生可以通过实验观察催化剂对反应速率的影响，并使用物理学中的能级概念来解释这种现象。

3. 互动式学习

现代教育技术为化学与物理学的融合提供了新的可能性。利用模拟软件，学生可以模拟不同的化学反应，观察物理条件（如压力和温度）是如何影响反应结果的。在线资源和视频教程可以帮助学生理解抽象的物理化学概念，如熵变和自由能。互动式问答和讨论平台可以促进学生之间的交流，激发他们的学习兴趣。

（四）促进学生能力发展的策略

1. 培养科学思维

科学思维是学生分析和解决复杂问题的基础。化学与物理学的融合教学鼓励学生运用两门学科的知识和方法来分析问题。例如，在探究化学反应的活化能时，学生可以使用物理学中的能量转换概念来解释化学现象。教师可以设计问题解决活动，要求学生运用逻辑推理来预测实验结果，从而培养他们的科学思维。

2. 增强实践技能

实践技能是学生将理论知识应用于实际的关键。通过实验和项目，学生可以在实验室中亲自操作，观察物理量是如何影响化学反应的。例如，通过测量不同温度下的化学反应速率，学生可以实践数据收集和分析技能。项目式学习可以帮助学生在解决实际问题（如如何设计简易的化学电池）的过程中提高实验设计和执行能力。

3. 跨学科沟通

在教学中强调跨学科沟通的重要性，有助于学生学会如何在化学与物理学之间建立联系。教师可以通过案例研究，如环境污染的物理化学处理方法，来展示这两门学科是如何协同工作来解决现实世界的问题的。鼓励学生在小组讨论中分享他们是如何将物理学原理应用于化学问题的，从而促进知识的整合和跨学科思维的发展。

五、化学与环境科学的联系

（一）化学在环境科学中的角色

化学是环境科学的基础，因为环境问题往往与化学物质的分布、转化和影响有关。化学家通过研究污染物的化学性质，预测它们在环境中的行为，为污染控制和治理提供科学依据。

1. 污染物的识别与监测

化学分析技术是环境监测的基石。利用先进的化学检测手段，如色谱法、质谱法和光谱法，能够精确地识别和测量环境中的污染物，包括空气、水体和土壤中的有害物质。运用化学分析技术能够揭示污染物的种类、来源和浓度，从而为环境风险评估提供定量的数据支持。通过这些数据，可以判断环境污染的程度，评估其对生态系统和人类健康的潜在影响。

2. 污染物的处理与降解

化学方法在处理和降解污染物方面发挥着关键作用。氧化还原反应是一种常用的化学技术，可以分解有机污染物，并将其转化为无害或低毒的物质。络合反应能够有效地固定重金属离子，防止它们在环境中迁移和扩散。通过精心设计的化学反应，可以有针对性地去除或转化特定的有害物质，减轻环境负担。

（二）绿色化学的实践

绿色化学是一种预防污染的化学，旨在从源头上减少或消除有害物质的使用和产生。绿色化学的实践对于化学与环境科学的融合教育至关重要。

1. 可持续性

绿色化学的实践强调可持续性，这意味着化学工艺和产品的设计要考虑长期使用对环境的影响。使用可再生资源，如生物质原料，以及无害溶剂，如水或超临界二氧化碳，可以减少对化石燃料的依赖。学生在学习这些原理后，不仅能够认识到化学在推动可持续发展中的积极作用，还会积极探索更环保的化学解决方案。

2. 原子经济性

原子经济性是绿色化学的另一个核心概念，要求在化学反应中最大限度地利用原料，以提高原料的转化率，减少副产物和废物的生成。这不仅可以提高原料的使用效率，降低生产成本，而且可以减轻对环境的负担。教育学生理解和应用原子经济性原则，可以帮助他们设计出对环境更加友好的合成路径和工艺。

3. 安全性

绿色化学还关注化学品的安全性，包括对人类健康和生态环境的潜在风险。绿色化学提倡选择无毒或低毒的原料和催化剂，以及开发更安全的化学工艺，以降低化学品对人类和环境的威胁。

（三）教学中的融合策略

在高中化学教学中融入环境科学的元素，可以采取以下策略：

1. 整合课程内容

化学课程的设计应当包含环境科学的问题和案例，这样学生在学习基础化学概念的同时，能够洞察化学原理在环境管理中的应用。例如，在讨论化学反应时，可以引入污染物的化学处理方法，或者在讲解化学平衡时，讨论其在生态系统平衡中的作用。

2. 实验设计

设计相关的实验活动，如水质检测、空气污染物测定或土壤污染修复，这样学生可以直接参与到环境问题的解决过程中。这些实践活动不仅能增强学生的化学实验技能，而且能提升他们对环境保护的认识和责任感。

3. 案例研究

通过案例研究，如分析某个地区水污染的原因和解决方案，或者探讨全球气候变化对生态系统的影响，学生可以深入理解化学在解决环境问题中的实际应用。案例研究可以激发学生的探究兴趣，并培养他们的问题解决能力。

4. 互动式学习

利用现代教育技术，如计算机模拟和在线互动软件，可以提高学生学习的互动性和趣味性。通过模拟实验和虚拟场景，学生可以安全地探索各种化学反应对环境的潜在影响，从而更深刻地理解绿色化学和可持续实践的重要性。

六、案例分析

在跨学科视角下，化学教学的融合可以通过多种方式实现。下面介绍一些成功的跨学科教学案例。

（一）土壤化学成分与地理学结合的案例

在这个案例中，教师引导学生走出课堂，进行实地考察，收集不同地理环境下的土壤样本。这些样本可能来自森林深处、城市公园、农田或河岸等多样化的自然环境中。学生在收集样本的过程中，不仅可以锻炼野外工作技能，还可以学会记录和标记样本来源，为后续分析提供准确的背景信息。

在回到实验室后，学生可以利用化学分析技术，如色谱法、分光光度法等，对土壤样本的 pH 值及有机质的含量，氮、磷、钾等关键化学成分进行测定。通过这些实验，学生能够观察到不同地理环境下土壤化学性质的显著差异，并对土壤的肥力和适宜生长的植物类型进行初步的判断。

这个教学案例的实施有助于学生在化学分析技能的学习中融入地理学的知识，实现跨学科知识的综合应用。学生通过实践活动，能加深对土壤化学成分与地理环境之间关系的理解，认识到土壤类型对生态系统健康和农业生产的深远影响。

案例教学还能强化学生对化学知识在环境科学和生态学中应用的认识。学生通过分析土壤样本，能够将化学原理与实际环境问题联系起来，如土壤退化、污染问题和生物多样性保护等。

（二）环境化学与生物学结合的案例

在这个案例中，学生被赋予了研究水体污染的任务，特别需要注意的是重金属污染和农药残留问题。通过实地考察，学生采集了不同的水样，如河流、湖泊、地下水等。在实验室中，学生首先利用化学分析技术，如原子吸收光谱法，测定水样中重金属的含量。然后运用生物学知识研究这些污染物对水生生物（如鱼类、浮游生物等）的影响。

学生可以通过显微镜观察受污染水体中的生物样本，并分析污染物对生物形态和生理功能的影响。学生还需要探讨污染物在食物链中的传播途径，以及它们是如何累积并放大毒性的。

通过这个教学案例，学生可以认识到化学物质在生态系统中的传播和累积过程，以及这个过程对生物多样性和人类健康的潜在威胁。通过跨学科研究，学生不仅可以提高解决环境问题的能力，还可以增强对环境保护重要性的认识。

案例教学可以促进学生批判性思维和科学探究技能的发展。学生在分析污染物对生物影响的过程中，可以学会如何设计实验、收集数据、进行统计分析，并得出科学结论。

案例教学可以强化学生的社会责任意识。通过研究，学生可以了解到环境保护的紧迫性，以及公民在环境保护中应承担的责任。采用这种教学方法不仅有助于培养学生的综合素养，还可以为他们将来在环境保护领域的工作和研究奠定坚实的基础。

（三）材料化学与物理学结合的案例

在材料科学课程中，学生需要研究和比较不同化学材料的物理特性。这些材料可能包括金属合金、半导体、陶瓷或聚合物等。学生首先需要学习材料的基本化学组成，包括它们的分子结构和化学键合机制。然后，学生可以设计实验来测试这些材料的导电性、热传导性、机械强度和韧性等物理性能。

在实验中，学生可以使用各种仪器和设备（如电子显微镜、X射线衍射仪、力学测试机等）观察材料的微观结构，并测量其物理性能。通过数据分析，学生可以探索材料的化学组成与其宏观物理表现之间的关系。

这个教学案例有助于学生深刻理解化学材料设计对于实现特定物理性能的重要性。学生通过实践活动，可以了解化学元素的选择、分子结构的设计，以及合成方法是如何影响材料的最终应用的。

案例教学还可以激发学生对新材料开发的兴趣和热情。学生会发现，通过化学手段可以创造出具有优异性能的新型材料，这些材料在能源、电子、航空航天等领域具有广泛的应用前景。

学生通过运用物理学原理，如量子力学和固体物理学，可以解释材料的宏观物理行为，这种跨学科的知识融合可以增强学生理论联系实际的能力。

（四）化学与计算机信息技术结合的案例

在这个教学案例中，学生可以利用计算机模拟软件探究药物分子与靶标生物之间的相互作用。通过分子建模软件，学生不仅可以构建药物分子的三维结构，还可以模拟其与蛋白质或其他生物大分子的结合过程。学生可以学习如何使用分子动力学模拟来预测分子间的相互作用力，以及如何运用量子化学计算来分析反应机理和能量变化。

学生可以使用化学数据库和信息学工具来检索相关的化学文献与实验数据，并分析药物分子的生物活性和毒性。通过这些信息技术，学生能够快速获取大量的化学信息，为药物设计提供科学依据。

这个教学案例有助于学生认识到计算机信息技术在化学研究和药物设计中的重要应用。学生通过实践活动，不仅可以提高计算机操作技能，还可以学会如何运用信息技术来辅助化学研究。

案例教学还能帮助学生理解化学在药物设计中的核心作用。学生通过模拟和分析药物分子与靶标生物的相互作用，可以深入理解药物作用的分子机制，为将来从事药物研发工作奠定坚实的基础。

学生通过检索和分析化学文献，可以培养信息素养和批判性思维能力。例如，学生可以学会如何从海量的化学信息中提取有价值的知识，如何运用这些知识来解决实际的科学问题。

上述几个案例展示了化学知识在不同领域的应用，不仅有助于提高学生的实践技能，还有助于培养学生的综合思维和创新能力。此外，这些案例分析能够为学生未来在各个领域的发展奠定基础。

第七章　高中化学课程思政教学

第一节　高中化学教学中的价值观引领

高中化学教学作为培养学生科学素养、提升综合素质的重要环节，除了传授知识和技能，更要注重对学生的价值观引领。通过化学教学，学生不仅能够掌握化学理论知识，更重要的是能够培养正确的人生观、世界观和价值观。

一、价值观引领的重要性

在高中化学教学中，价值观引领具有重要的意义和作用。

（一）塑造正确的人生观和世界观

在高中化学教学中，价值观引领对学生的成长至关重要。它不仅关乎知识的传授，更关乎学生如何认识世界、理解生活和规划未来。化学教学通过揭示物质的微观结构、性质，以及它们之间的相互作用，为学生提供理解自然界和人类社会的窗口。

化学教学能够帮助学生建立科学的世界观。通过学习化学，学生可以了解到物质是由原子和分子组成的，这些微观粒子按照一定的规律组合和变化，形成了我们周围的世界。这种从微观到宏观的认识过程，有助于学生理解事物的本质和内在联系，以及养成用科学的眼光看待问题的习惯。

化学教学有助于塑造学生的人生观。在化学实验和课题研究中，学生需要运用观察、实验、分析和推理等科学方法来解决问题。这不仅能锻炼学生的实践能力和思维能力，还能促使他们养成严谨、细致、求实的科学态度。科学态度对于学生形成正确的人生观具有积极的影响。

化学教学有助于学生培养社会责任感。化学技术的发展和应用对人类社会产生了深远的影响，如新材料的开发、环境污染的治理、能源问题的解决等。教师可以通过介绍化学在这些领域的应用，引导学生认识到化学对于社会发展的重要性，激发他们运用化学知识解决实际问题的兴趣和热情，从而培养他们的社会责任感。

化学教学能够激发学生的创新意识。化学学科的发展需要不断探索和创新。教师应鼓励学生提出问题、积极探索、勇于创新，以及培养创新思维和创新能力。通过开展科学实验、课题研究等活动，教师可以为学生提供展示自己创新思维的机会，激发他们的创新热情。

（二）培养科学精神和创新意识

高中化学教学的核心在于培养学生的科学精神和创新意识，这不仅能够提升学生解决实际问题的能力，还能激发他们对科学探索的热情。化学实验作为教学过程中的重要环节，可以为学生提供实践科学探究的平台。

化学实验能够让学生亲身体验科学探究的过程。在实验中，学生需要按照科学的方法进行操作、分析和推理，并得出结论。这个过程不仅能锻炼学生的观察力和实验技能，还能培养他们的科学思维和逻辑推理能力。

化学实验鼓励学生提出假设并进行验证。在面对未知的化学现象时，学生需要运用已掌握的化学知识提出可能的解释，并设计实验来验证假设。这种探索性学习的过程，有助于培养学生的独立思考能力。

化学实验能激发学生的创新意识。在实验中，学生可能会遇到预料之外的现象或结果，这就需要他们灵活运用知识，创造性地解决问题。通过解决实验中出现的各种问题，学生的创新思维和实践能力能得到锻炼与提升。

化学教学应注重培养学生的问题解决能力。在教学中，教师可以设计一些开放性的问题，鼓励学生运用化学知识来分析和解决这些问题。这种以问题为中心的教学方式，能够激发学生的探究兴趣，培养他们运用化学知识解决实际问题的能力。

化学教学应注重培养学生的团队合作精神。在许多化学实验和课题研究中，学生需要分工合作，共同完成实验任务。通过团队合作，学生可以学会沟通、协调和分享，从而形成良好的合作意识和团队精神。

化学学科的发展和应用对人类社会产生了深远的影响。教师应引导学生关注化学学科在社会发展中的作用，如环境保护、资源利用、医药健康等，并培养他们运用化学知识服务社会、造福人类的意识。

二、如何进行价值观引领

高中化学教学不仅传授化学知识和技能，还是对学生进行价值观教育的重要途径。在高中化学教学中进行价值观引领，可以帮助学生形成正确的世界观、人生观和价值观，促进其全面发展。

（一）强调化学与生活的联系

在高中化学教学中，将化学知识与学生的实际生活紧密联系起来，是进行价值观引领的重要手段。这种联系不仅能够激发学生对化学学科的兴趣，而且有助于他们理解化学在日常生活中的重要作用，从而培养对科学和社会的责任感。

教师可以通过引入日常生活中的化学现象，让学生认识到化学并非遥不可及，而是与他们的生活息息相关的。例如，讨论食品添加剂的作用和安全性，引导学生思考如何平衡食品的美味与健康之间的关系，以及认识到化学知识在保障食品安全中的重要性。

清洁剂的化学成分和作用原理也是一个很好的教学点。例如，教师可以讲解不同清洁剂的化学组成，帮助学生了解化学是如何帮助我们清洁环境的，以及过度使用化学清洁剂可能对环境造成的负面影响，从而引发学生对环境保护的思考。

药物的化学结构和作用机制也是化学教学中的重要内容。教师可以通过介绍常见药物的化学成分，帮助学生了解化学在治疗疾病、维护健康方面的作用。同时，也可以借此机会讨论滥用药物的危害，引导学生树立科学用药的观念。

在教学过程中，教师还可以设计一些与生活相关的化学实验，让学生在实践中体验化学的魅力。例如，通过制作简单的家用清洁剂或消毒液，学生不仅能够学习到化学知识，还能够体会到化学知识在解决实际问题中的价值。

（二）强调科学精神和科学态度

科学精神和科学态度对于培养学生的科学素养与价值观具有重要意义。在高中化学实验教学中，教师应当通过各种方式，引导学生养成严谨的科学态度和科学精神。

教师需要在实验前明确实验目的和实验步骤，让学生了解实验的严谨性和重要性。在实验过程中，教师应当鼓励学生严格按照实验步骤进行操作，不随意更改实验条件，不凭空猜测实验结果，而是通过观察、记录和分析实验现象，得出科学结论。

教师应当引导学生养成诚实记录实验数据的习惯。在实验中，学生可能会遇到实验结果与预期不符的情况，教师应当鼓励学生如实记录实验数据，不篡改、不隐瞒，而是勇于面对实验中的失败和错误。通过这种方式，学生可以学会在科学研究中保持诚实和客观的态度。

教师应当鼓励学生在实验中积极思考，培养批判性思维能力。在实验结束后，教师可以组织学生进行讨论，让他们分享实验过程和实验结果，同时鼓励他们对实验中出现的问题进行分析和讨论。通过这种方式，学生可以学会从不同角度思考问题，培养独立思考的能力。

在一些需要多人合作完成的实验中，教师可以引导学生分工合作，相互协作，共同完成实验任务。通过这种方式，学生不仅可以学会在团队中发挥自己的作用，还可以体会到团队合作的重要性。

教师应当引导学生培养终身学习的意识。在高中化学实验教学中，教师可以介绍一些最新的化学研究成果，让学生了解化学学科的前沿动态。通过这种方式，学生可以认识到化学学科的不断发展和进步，激发对化学学科的兴趣和热情。

（三）讨论化学伦理问题

在高中化学教学中，引入伦理问题的讨论对于培养学生的道德判断力和责任感至关重要。通过探讨化学研究和应用中的伦理问题，教师可以引导学生深入思考科学与社会的关系，以及科学家在其中扮演的角色。

教师可以通过案例分析引入化学武器的使用问题。通过介绍化学武器对人类社会和环境造成的危害，教师可以让学生认识到滥用化学知识的严重后果。在此基础上，教师可以引导学生讨论如何在化学研究中避免类似情况的发生，以及人类应如何承担保护环境安全的责任。

教师可以引入基因编辑技术的话题，探讨其在医学、农业等领域的应用前景，以及潜在的伦理风险。通过讨论基因编辑可能带来的社会问题，如基因歧视、生物多样性的减少等，学生可以学会从多个角度审视科学技术的应用，形成全面的思考方式。

教师可以引入化学物质在生产和使用过程中对环境的影响问题。通过讨论化学物质对水体、土壤和空气的污染，以及对人类健康的影响，学生可以认识到化学工业发展与环境保护之间的矛盾。在此基础上，教师可以引导学生思考如何在化学工业发展中实现环境保护，以及如何通过技术创新减少化学污染。

在讨论化学伦理问题时，教师应当鼓励学生积极参与，勇于发表自己的观点和看法。教师可以设计一些开放性的问题（如化学研究应该如何平衡科技进步与伦理道德的关系？科学家在化学研究中应承担哪些社会责任？），以引导学生进行深入思考和讨论。

教师应当强调伦理教育的重要性。在高中化学教学中，教师应当让学生明白，科学不只是追求知识和技术的进步，更要对人类社会和自然环境负责。通过伦理教育，学生可以形成正确的价值观，学会在科学实践中坚守伦理底线，为社会的可持续发展作出贡献。

第二节　高中化学实验与生态文明教育

在 21 世纪的今天，生态文明建设已成为全球性的话题。高中化学实验教学不仅能够传授知识，还能培养学生的环保意识和实践能力，这对推动生态文明教育具有重要作用。

一、高中化学实验在生态文明教育中的重要性

（一）传授知识与培养技能

在高中化学教学中，实验是连接理论与实践的桥梁。通过实验，学生能够亲眼见证化学原理的应用，从而激发他们对化学学科的兴趣。实验教学不仅能够促进学生主动学习，还可以帮助他们从被动接受知识的客体转变为主动探索知识的主体。

化学实验能够增强学生的观察力和实验操作技能。化学实验有助于培养学生的科学思维，使他们学会用科学的方法解决问题。化学实验有助于培养学生的团队合作精神和团队意识，以及提高其沟通能力和协作能力。

（二）环保意识的启蒙

通过实验，学生可以直接接触化学物质和观察它们的变化。实验可以直观地展示化学物质对环境的潜在影响。在实验过程中，学生可以亲眼看到某些化学物质对环境的破坏，这种直观体验比单纯的理论教育更能触动学生的心灵，激发他们的环保意识。

通过实验，学生能够认识到化学物质的不当处理会对环境造成严重的后果。例如，在有机化学实验中，一些溶剂如果未经处理直接排放，就会对水体和土壤造成污染。通过这样的实验，学生可以直观地了解到化学物质的危险性，从而增

强在实验操作中的环保意识。

化学实验可以教育学生如何安全、环保地使用化学物质。在实验中，教师可以引导学生学习如何正确地处理实验废弃物，如何回收利用某些化学试剂，以及如何减少化学实验对环境的影响。这些实践操作能够促使学生养成良好的环保习惯。

化学实验不仅可以培养学生的创新思维，还可以鼓励他们探索更加环保的化学工艺。在实验中，学生可以尝试寻找能够代替有害物质的绿色化学方法，或者探索能够减轻化学实验对环境影响的途径。这种探索性学习不仅能够提高学生的创新能力，而且能够培养他们的环保责任感。

化学实验可以作为讨论环保问题的出发点，引导学生思考化学与环境的关系，以及化学技术在解决环境问题中的潜在作用。通过实验，学生可以更加深入地理解化学对环境的影响，从而在将来的学习和工作中更加注重环境保护。

（三）提高实践能力

化学实验可以提供让学生将抽象的化学概念转化为具体操作的平台。在实验中，学生需要按照实验步骤进行操作，这不仅可以考验他们对化学知识的掌握情况，还可以锻炼他们的动手能力。

化学实验能够培养学生的实验设计能力。学生在进行实验前，需要了解实验目的、实验原理，并设计出合理的实验方案。这个过程要求学生运用所学知识进行创造性思考。

在实验操作过程中，学生需要准确测量、精确操作，这有助于培养他们的观察力和操作能力。例如，在配制溶液或进行滴定实验时，学生必须严格按照实验要求进行，任何小小的误差都可能导致实验结果存在偏差。

化学实验能提高学生的团队协作能力。许多化学实验需要多人合作完成，学生在这个过程中能学习如何沟通、协调和分工合作，这些技能对于他们未来的社会生活和工作都是极其宝贵的。

化学实验能增强学生的安全意识。在实验中，学生可以学习如何正确使用实验器材，如何处理危险化学品，以及在紧急情况下如何采取应对措施。这些安全操作的知识和技能，对于预防实验事故、保护个人和他人安全具有重要意义。

通过化学实验，学生能够了解如何分析实验数据和解释实验结果。这个过程不仅能锻炼学生的分析能力，还能促使他们更加科学地评估实验结果，从而为解决实际问题提供依据。

二、高中化学实验中的生态文明教育实践

(一) 实验设计与生态保护

化学实验的设计应当充分考虑生态保护原则,选择环保的材料和方法,以减少对环境的负面影响。这不仅有助于保护环境,还是对学生进行生态文明教育的有效手段。

(1) 实验设计应优先考虑使用无毒、无害的化学试剂。在选择实验材料时,应尽量避免使用有毒、有害或难以降解的化学物质。如果必须使用,应采取严格的安全措施,并教育学生如何安全处理这些物质,以减少对环境和人体的危害。

(2) 实验设计应注重资源的节约和循环利用。在实验中,应尽量减少化学试剂的用量,避免浪费。同时,应鼓励学生回收和重复利用实验中的某些材料,如可以通过蒸馏或过滤等方法回收溶剂,或者将某些副产品转化为有用的物质。

(3) 实验设计应考虑实验过程中的能源消耗。应尽量选择能耗低、操作简便的实验方法,以减少实验过程中的能源消耗。例如,可以选择在常温下进行的实验,而不是需要加热的实验。

(4) 实验设计应考虑实验废弃物的处理。应教育学生正确处理实验废弃物,避免对环境造成二次污染。同时,应鼓励学生探索减少实验废弃物产生的途径,如改进实验方法或优化实验条件。

(5) 实验设计应融入生态保护的理念,让学生了解化学与环境的关系。在实验中,可以引导学生思考如何利用化学知识解决环境问题,如通过化学反应去除污染物,或者开发可降解的环保材料。

(二) 实验过程与资源节约

化学实验是学生实践操作和学习科学知识的重要环节,同时是培养学生环保意识和节约资源习惯的绝佳机会。在实验过程中,学生通过亲身实践,可以深刻理解资源的宝贵和节约资源的重要性。

(1) 在化学实验中,水是常用的溶剂和洗涤剂。教师可以指导学生如何合理利用水资源,如通过合理安排实验步骤,减少不必要的用水。在实验结束后,教师应教导学生如何收集和重复利用实验中产生的废水。

(2) 化学实验室中的许多仪器设备都需要电力供应。教师可以引导学生合理安排实验时间,避免无谓的电力消耗,如设备不使用时及时关闭电源,减少长

时间待机的情况。

（3）减少化学试剂的浪费。化学试剂往往价格昂贵，且部分试剂对环境有潜在的危害。在实验中，教师可以教授学生如何精确计量试剂，避免浪费。同时，教师应鼓励学生回收和重复利用某些化学试剂，如通过蒸馏或过滤等方法回收溶剂。

（4）在实验教学中，教师还可以通过设计一些与资源节约相关的实验项目，让学生在实践中学习如何节约资源。例如，可以设计一些使用替代溶剂或催化剂的实验，减少对传统化学试剂的依赖；或者设计一些能够循环利用实验材料的实验，让学生在实际操作中体验资源循环利用的益处。

（5）教师应该在实验过程中不断强调资源节约的重要性，让学生明白节约资源不仅能够降低实验成本，更是对环境通过讨论和反思负责的表现。通过不断教育和引导，学生可以逐渐养成节约资源的习惯，这对他们的个人发展和未来的环境保护工作具有重要意义。

（三）实验废弃物的处理

化学实验不可避免地会产生废弃物，这些废弃物如果处理不当，可能会对环境造成严重污染。因此，教授学生如何安全、环保地处理实验废弃物，是化学实验教学的重要内容。

（1）教育学生正确处理实验废弃物。不同类型的废弃物需要采取不同的处理方法。例如，有害化学品需要特殊处理，而一些无害的固体废弃物可以回收重复利用。教师应该向学生传授正确的分类知识，让他们了解不同废弃物的处理方法。

（2）教授学生如何安全处理有害化学品。有害化学品会对人体和环境造成危害。在实验中，教师应该指导学生正确使用防护设备，避免有害化学品泄漏，以及妥善处理废弃的化学品。教师还应该教育学生了解相关的安全规定和应急预案，以应对可能发生的意外情况。

（3）鼓励学生探索废弃物的回收和重复利用。许多实验废弃物可以通过一定的处理方法进行回收和重复利用。例如，一些金属可以通过化学反应进行回收。教师也可以设计一些相关的实验，让学生在实践中学会废弃物的回收和重复利用。

（4）培养学生的环保意识和责任感。在处理实验废弃物的过程中，教师应该让学生认识到自己的行为对环境的影响。通过讨论和反思，学生可以意识到每个人都应该对保护环境负责。

（5）建立一套完善的废弃物处理制度。学校应该建立一套完善的废弃物处理制度，包括废弃物的收集、分类、储存和处理等环节。所有师生都应该遵守这套制度，以确保废弃物得到妥善处理。

三、案例分析

（一）绿色化学实验案例

绿色化学实验强调使用无毒或低毒的试剂，以减少化学实验对环境的负面影响。这种实验方式安全、环保，不仅能够激发学生对化学的兴趣，而且能够增强其对环境保护的责任感。

例如，在传统的化学实验中，硫酸和盐酸等强酸常被用作反应试剂，但这些强酸具有腐蚀性，对环境和人体都有潜在的危害。在绿色化学实验中，可以使用柠檬酸或醋酸等有机酸作为替代品。这些有机酸无毒或低毒，且易于处理，可以大大减少实验对环境的影响。

又如，在有机合成实验中，传统的有机溶剂（如苯、甲苯等）对环境和人体有害。绿色化学实验可以选择一些环保的溶剂，如超临界二氧化碳或水，这些溶剂无毒、无害，且具有很好的溶解性能，可以有效进行有机合成反应。

绿色化学实验可以通过改进反应条件，减少有害副产品的生成。例如，在某些化学反应中，可以通过改变催化剂或反应温度，减少副产物的生成，从而减少对环境的污染。

在绿色化学实验中，教师可以引导学生探索废弃物的回收和重复利用。例如，在某些化学反应中，产生的副产品可以作为其他反应的原料，实现资源的循环利用。

通过绿色化学实验，学生可以直观地看到化学实验与环境保护的联系。这种实验方式不仅能提高学生的环保意识，还能激发他们的创新思维，鼓励他们探索更加环保的化学方法。

（二）实验中的节能减排

优化实验操作可以显著降低能源消耗，实现绿色化学教学的目标。

（1）优化实验设计是节能减排的关键。教师在设计实验时应考虑选择那些能够在常温常压下进行的反应，避免使用要大量加热或制冷的实验方案。选择那些反应速率快、产率高的化学反应，可以缩短实验时间，从而节约能源。

（2）合理安排实验时间是节能减排的有效手段。集中安排实验课，可以提高设备使用效率，缩短设备待机时间。同时，应鼓励学生在实验中快速、准确地操作，以避免不必要的重复实验，从而有效地节约能源。

（3）使用节能型实验设备是节能减排的重要措施。现代科技的发展为化学实验室提供了许多节能型设备，如节能型加热器、高效制冷设备等。这些设备能够在保证实验效果的同时，显著减少能源消耗。

（4）培养学生的节能减排意识同样重要。在实验教学中，教师应不断强调节能减排的重要性，教育学生在实验中养成节约用电、用水的习惯。例如，使用完仪器设备后应及时关闭电源，避免长时间待机；在实验中合理取用化学试剂，避免浪费。

（5）鼓励学生探索和创新节能减排的实验方法。学生是实验的主体，他们的创新思维和实践能力是推动节能减排的关键。教师可以鼓励学生思考和尝试新的实验方法，如使用替代能源、改进实验操作等，以实现节能减排的目标。

生态文明教育是高中化学教学中不可或缺的一部分。通过化学实验不仅能够培养学生的科学素养，还能增强他们的环保意识和社会责任感。

第三节 科学探究与道德责任的结合

在 21 世纪的教育背景下，高中化学课程是培养学生科学探究能力和道德责任感的重要途径。科学探究与道德责任的结合，对于构建和谐社会，促进可持续发展具有重要意义。

一、科学探究的重要性

（一）激发学生的好奇心和求知欲

科学探究可以激发学生的好奇心和求知欲。化学世界充满了未知和神秘，通过科学探究，学生能够亲身体验科学发现的过程，这种体验能够极大地激发他们对化学的兴趣，使他们愿意主动探索化学的奥秘。

（二）培养学生的批判性思维

科学探究要求学生对实验现象进行观察、记录和分析，这就需要他们运用批判性思维。批判性思维要求学生不仅要接受知识，还要能够质疑知识、分析知识、评估知识。通过科学探究，学生能够学会如何提出问题、设计实验、收集和分析数据，这些都是批判性思维的重要体现。

（三）提高学生的问题解决能力

科学探究是一个不断遇到问题、分析问题、解决问题的过程。在这个过程中，学生会遇到各种预料之外的情况，这就需要他们运用所学知识，发挥创造性思维，找到解决问题的方法。这种解决问题的能力对于学生未来的学习和工作非常重要。

（四）促进学生对知识的深入理解

通过科学探究，学生能够将抽象的化学知识与具体的实验现象联系起来，从而加深对化学知识的理解。例如，通过探究化学反应速率，学生能够深入理解反应物的浓度、温度等因素对反应速率的影响；通过探究物质的溶解性，学生能够深入理解溶解平衡的概念。

二、道德责任的内涵

（一）培养环境伦理

在高中化学教学中，环境伦理的培养是道德责任内涵的重要组成部分。化学工业虽然为人类生活提供了极大的便利，但在生产过程中可能产生的环境污染问题同样不容忽视。教师在教学过程中，需要着重强调化学物质的合理使用和妥善管理，从而让学生理解这不仅是化学学科的一部分，也是每个化学工作者应尽的社会责任。

通过具体的教学案例，如讨论化学物质对水体、土壤和大气的潜在影响，以及如何通过技术创新减少这些影响，可以有效地提高学生对环境问题的敏感度。教师还可以引导学生参与环境保护的实践活动，如校园绿化、废旧化学品的回收利用等，在实践中深化其环境伦理意识。

（二）关怀人类福祉

化学学科的发展与人类福祉紧密相关。在高中化学教学中，教师有责任引导学生思考和探索化学技术是如何更好地服务于社会和人类生活的。这种教学不仅能传授知识，还能激发学生对未来化学应用的兴趣。

通过介绍化学在新能源开发中的应用，如太阳能电池和风能技术，学生可以了解到化学是如何帮助人类减少对化石燃料的依赖的。同时，通过探讨化学在医药领域的进步，如新药物的研发和疾病治疗的化学基础，学生可以认识到化学对于提高人类健康水平的重要作用。

教师还可以通过实际案例，如化学在食品安全、环境保护和材料科学中的应用，来展示化学是如何直接或间接地提高公众的生活质量的。教师应鼓励学生参与相关的社会实践活动，如社区化学科普、环境保护项目等，以加深他们对化学学科促进人类福祉的认识。

三、科学探究与道德责任结合的途径

（一）融入环境教育

在高中化学教学中，将环境教育理念融入课程中是实现科学探究与道德责任结合的重要途径。教师需要向学生清晰地传达化学物质可能对环境造成的潜在影响，并在实验教学中引导学生采取切实可行的环保措施。

教师可以通过具体的化学案例，让学生了解化学物质在生产、使用和废弃过程中可能对生态系统与人类健康造成的危害。例如，通过讨论重金属污染、化学农药的使用后果，以及塑料垃圾对环境的影响，学生可以认识到化学物质管理不当可能带来的严重后果。

教师应鼓励学生在实验设计和操作中考虑环境保护，包括合理选择化学试剂，避免使用有害或有毒的化学品，或者寻找更环保的替代品。在实验过程中，教师应指导学生减少化学试剂的使用量，回收和重复利用某些化学品，以及安全地处置实验产生的废弃物。

教师可以组织学生参与保护环境的实践活动，如校园内的垃圾分类、化学实验室的绿色化学实践等，让学生在实践中学习如何将环保理念应用到化学学习和研究中。通过这些活动，学生不仅能提高自身的环保意识，还能在化学实验中养成采取环保措施的习惯。

（二）讨论科学伦理

在高中化学教学中，科学伦理的讨论对于培养学生的伦理意识至关重要。通过案例分析，学生可以更深入地理解科学实验中可能遇到的伦理问题，并学会如何在实际工作中处理这些问题。

教师可以通过引入动物实验的案例，引导学生讨论动物福利和科学实验之间的关系。学生需要了解，虽然动物实验对于科学发展具有重要意义，但是也需要考虑动物的感受和权益。教师可以介绍相关的伦理准则和法律法规，让学生认识到在进行动物实验时，必须遵守相应的伦理准则，尽量减少动物可能受到的伤害。

教师可以引入涉及基因编辑技术的案例，让学生探讨这项技术可能带来的伦理争议。基因编辑技术虽然为治疗遗传性疾病提供了新的希望，但同时引发了关于人类基因改造的伦理问题。学生需要理解，基因编辑不仅涉及科学问题，还涉及社会、文化和伦理等多个层面的问题。教师可以引导学生从多个角度思考这个问题，包括技术安全性、社会公平性、个人自主性等。

教师还可以引入其他与化学相关的伦理案例，如化学品的安全使用、化学废弃物的妥善处理等。通过对这些案例进行讨论，学生可以了解到，在化学研究和应用中，伦理问题无处不在。教师应鼓励学生积极参与讨论，并提出自己的观点和建议，从而培养他们的批判性思维和伦理判断能力。

教师应强调在科学研究和实践中，要坚守伦理准则，尊重生命，保护环境，促进社会公正。

（三）培养学生的社会责任

在高中化学教学中，培养学生的社会责任是实现科学探究与道德责任结合的关键环节。教师可以通过引导学生深入思考化学技术在社会发展中的应用，来激发学生的社会责任感，促使他们认识到化学对于社会进步的重要性。

教师可以通过介绍化学在清洁能源开发中的应用，让学生了解化学在解决能源危机中的应用。例如，通过讨论太阳能电池、燃料电池和生物燃料等技术，学生可以认识到化学在推动可再生能源发展中的作用。教师可以引导学生思考如何通过化学创新，提高能源转换效率，降低环境污染。

教师可以探讨化学在环境污染治理中的应用，如污染物的检测、处理和转化等。通过分析具体的环境问题，如大气污染、水污染和土壤污染等，学生可以了解到化学在环境监测和治理中的关键作用。教师可以鼓励学生思考如何运用化学知识开发新的环保技术和材料，为环境保护作出贡献。

教师还可以引入化学在医药、材料、食品等领域的应用案例，让学生看到化学学科在提高人类生活质量方面的潜力。通过讨论如何利用化学技术治疗疾病、改善材料性能、保障食品安全等，学生可以认识到化学学科对于社会发展的广泛影响。

在教学过程中，教师应鼓励学生积极参与讨论，并提出自己的见解和建议。教师还应强调学生要运用自己的专业知识和技能，为社会的可持续发展作出贡献。

第八章 面向未来的高中化学教学

第一节 新课标下高中化学教学面临的挑战

随着新课程标准的不断更新和完善，高中化学教学面临着诸多挑战。在新课标的指导下，高中化学教学需要更加注重培养学生的综合素质，促使学生真正掌握化学知识，能够将所学知识运用到实际生活和未来的学习工作中。

一、知识体系的更新和深化

新课标下高中化学知识体系的更新和深化是实现教育目标的关键。

（一）构建系统性知识

在新课标的指导下，化学的知识体系不仅应涵盖基础概念、原理和方法，还应包括化学与物理、生物等其他学科的交叉融合，以及化学在现实世界中的具体应用。这样的知识体系有助于学生形成全面、深入的化学认知。

教师在教学过程中应重视化学知识的整体性和连贯性。通过精心设计教学计划和活动，教师可以引导学生从宏观到微观、从理论到实践，逐步深入理解化学的各个层面。例如，从原子结构到分子间作用力，再到化学反应的类型和条件，教师可以逐步展开教学内容，帮助学生系统地掌握化学知识。

构建化学知识体系应注重与学生日常生活的联系。将化学原理应用于解释生活中的实际问题，如环境保护、食品安全、材料科学等，可以增强学生对化学知识的兴趣和认识。这种应用导向的教学方式，不仅能提升学生的实践能力，还能培养他们的社会责任感。

为了实现这个目标，教师需要不断更新自己的专业知识，了解化学学科的最新发展。同时，教师还应具备跨学科整合的能力，能够将化学知识与其他学科的知识相联系，促进学生综合思维能力的发展。

（二）知识更新的必要性

在当代科学技术迅猛发展的背景下，化学的知识体系正在不断更新和扩展。教师在这个过程中扮演着至关重要的角色，他们需要紧跟化学领域的最新发展，不断吸收新知识，更新自己的教学内容和方法。

教师的知识更新是适应教育发展的必然选择。新课标强调学生创新能力和实践能力的培养，这就要求教师不仅要传授化学知识，还要引入最新的化学理论和技术，以激发学生的学习兴趣，引导他们进行科学探究和创新思考。

教师的知识更新有助于提升教学质量。随着化学研究的深入，许多传统的化学概念和理论得到了修正与完善。教师通过学习最新的化学知识，可以更准确地向学生传达化学学科的前沿动态，提高教学的科学性和权威性。

教师的知识更新是满足学生学习需求的重要途径。在信息时代，学生可以通过多种渠道获取化学知识，并且可能会对化学领域的新发现和新技术充满好奇。教师通过不断学习，可以将这些新知识融入教学中，满足学生的求知欲，提高教学的吸引力。

（三）知识应用的实践

在新课标的指导下，高中化学教学强调将化学知识与实际生活紧密联系起来。通过各种实践活动，学生能够将所学的知识用于解决现实世界中的问题。这种教学理念的核心在于培养学生的实践能力和创新思维，使他们能够在面对复杂问题时，运用化学原理进行分析和解决。

在化学教学中融入实际应用，需要教师具备将抽象化学概念与具体生活实例相结合的能力。例如，通过讨论环境污染、能源危机、食品安全等社会热点问题，学生可以思考化学在解决这些问题中扮演的角色和解决问题的方案。这种理论联系实际的教学方式可以激发学生的学习热情，使他们认识到化学知识的实际价值。

化学实验是实现知识应用的重要途径。教师应设计和实施各种实践活动，并要求学生积极参与。通过参与这些实践活动，学生不仅能够加深对化学知识的理解，还能够锻炼观察能力、实验技能和科学思维。

探究式学习是实现化学知识应用的有效方式。教师可以引导学生参与化学探究活动，如研究某种化学物质的性质、探究不同条件下的化学反应等。这种探究活动能够培养学生的独立思考能力和创新能力。

案例分析是另一种有效的教学方法。教师可以选取与化学相关的社会实际案例，如化学物品泄漏事件、化学制品的质量安全问题等，引导学生运用化学知识进行分析。通过案例分析，学生能够了解化学知识在社会生活中的应用，增强社会责任感。

二、跨学科整合

跨学科整合在新课标下被赋予了更重要的角色，要求教师将不同学科的知识进行有机整合，以促进学生的全面发展和创新思维的培养。特别是在高中化学教学中，与物理、生物、数学等学科的跨学科整合更是必不可少。这种整合不仅可以加深学生对知识的理解，还能培养学生的综合素质和创新能力。然而，实施跨学科整合也带来了一系列挑战，需要教师具备相应的能力和知识。

（一）需要整合学科知识

在新课标下，高中化学教学的跨学科整合是实现学生全面发展的关键策略。不同学科的知识体系存在差异，这无疑为教师在整合教学内容时带来了挑战。然而，有效的整合可以促进学科间知识的相互渗透和补充，从而帮助学生构建更全面和深入的知识体系。

教师需要深入了解化学与其他学科（如物理、生物、数学等）之间的联系。例如，化学与物理在物质结构和性质的探索上有交集，化学与生物在分子生物学和药物设计等领域相互依赖，而化学与数学则在化学计算和数据分析中紧密相连。教师通过跨学科的视角，可以帮助学生了解化学知识在不同领域的应用。

在整合教学内容时，教师可以设计一些综合性的学习项目。例如，教师可以将生物学的分子结构分析和化学的化学反应机理相结合，帮助学生探究生物分子的化学性质。又如，教师可以将物理学的热力学原理和化学的化学反应相结合，帮助学生分析能源转换和利用的效率问题。这样的项目不仅能够提高学生的学习兴趣，还能够培养他们的综合分析能力和问题解决能力。

（二）教师专业能力有待提高

在新课标背景下，高中化学教师不再局限于化学领域的知识传授，而是需要向多学科知识和教学能力拓展。这就要求教师不仅要有扎实的化学专业知识，还要掌握其他学科的基本理论和方法，同时还要能够将这些知识融合应用于日常教学中。

为了适应这项要求，教师需要树立终身学习的理念，不断更新自己的知识体系，包括但不限于通过阅读专业书籍、参加学术会议、在线课程学习等方式，来吸收化学及其他学科的最新研究成果和教学理念。

教师应提升自身的教学设计能力，能够根据不同学科的特点，设计出跨学科的教学活动。这就要求教师不仅要了解学生的化学学习需求，还要了解他们在物理、生物等其他学科上的学习情况，从而设计出能够激发学生兴趣、促进知识整合的教学方案。

教师需要具备良好的沟通和协作能力。在跨学科整合的过程中，教师往往需要与其他学科的教师进行合作，共同开发课程和教学资源。这就需要教师具备团队合作精神，能够与同事进行有效的沟通，共同解决在教学中遇到的问题。

教师需要关注学生的个性发展，尊重学生的兴趣和特长，鼓励他们在跨学科学习中发挥自己的优势。这就要求教师具备一定的教育心理学知识，能够根据学生的个性特点，提供个性化的教学支持。

（三）资源与时间的限制

在实施跨学科整合的过程中，资源与时间的限制是高中化学教学面临的一项挑战。为了有效地整合不同学科的知识和教学方法，学校和教师需要投入更多的资源和时间，包括教学材料的准备、教学活动的组织及教学环境的优化等。

教学资源的整合需要学校提供充足的物质和技术支持。这可能涉及购买相关的教学设备和软件、订阅专业期刊和数据库、建立校内外的合作网络等。学校还需要为教师提供跨学科培训的机会，帮助他们掌握必要的知识和技能，以更好地进行教学资源整合。

在课堂时间安排方面，跨学科整合往往需要更多的课时来完成教学目标。学校需要在课程设置上给予足够的灵活性，允许教师根据学生的实际情况和学习需求，调整教学进度和内容。同时，教师也需要提高课堂教学的效率，通过合理的时间管理，确保每个教学环节都能在有限的时间内达到预期的教学效果。

教师在实施跨学科整合时，需要考虑学生的接受能力和学习节奏。不同学科的知识和方法对有的学生来说可能存在一定的难度，教师需要在教学过程中给予学生足够的引导和支持，以帮助他们逐步建立跨学科的知识结构。

（四）需要建立科学合理的评价体系

在跨学科整合的教学模式下，建立科学合理的评价体系对于激发学生的学习动力和准确评估他们的学习效果至关重要。这种评价体系应该超越传统的笔试和单一的分数评价，转而采用多元化的评价方法。

评价体系应当注重过程评价而非仅仅关注结果。在跨学科学习中，学生的探究过程、思考方式与解决问题的策略同样重要。因此，评价体系需要记录和评估学生在学习过程中的表现，包括他们的参与度、合作态度、创新思维和实践能力。

评价体系应该考虑不同学科的特点和要求。由于跨学科整合涉及多门学科，因此评价标准应当综合考虑各门学科的核心素养和能力要求。例如，在化学与生物学的整合课程中，评价体系可能需要同时考查学生的化学实验技能和生物学理论知识。

评价体系应当具有灵活性和适应性。由于每个学生的学习风格和能力水平不同，因此评价体系应当能够满足学生的个性化需求，提供多样化的评价方式，如口头报告、实验操作、项目设计等。

评价体系应当与学校的教育目标和课程标准一致。这意味着评价标准和方法应当与学校的教学理念和课程要求相匹配，以确保评价结果能够真实反映学生的学习效果。

评价体系的建立需要教师、学生和家长的共同参与。其中，教师负责设计和实施评价方案，学生参与自我评价和同伴评价，家长则需要了解评价标准和方法。

第二节 高中化学教学与学生未来职业发展的关联

高中化学教学与学生未来职业发展之间存在着密切的联系。化学作为一门基础学科，不仅在学术领域占有重要地位，而且在工业、医药、环保等多个行业中扮演着关键角色。

一、基础知识与学生未来职业发展

（一）环境保护与可持续发展

环境保护与可持续发展是当今社会面临的重要议题，化学知识在其中扮演着重要的角色。高中化学教学可以为学生提供解决这些问题所需的基础知识和技能。

高中化学教学能帮助学生理解污染物的化学性质和它们如何影响环境。例如，学生可以了解重金属、有机污染物、有害气体等对生态系统和人类健康的潜在危害。通过了解这些化学物质的来源和影响，学生能够更好地理解污染问题，并设计可能的解决方案。

高中化学课程中的实验技能训练有助于学生进行水质检测、空气污染物测定等实际操作。这些技能对于环境监测和评估至关重要，是环境保护工作的基础。

化学知识可以应用于开发绿色能源和减少污染物排放。学生可以了解如何利用化学反应将废弃物转化为可再生能源，或者设计更环保的化学工艺来减少工业生产中的污染物排放。

在可持续发展方面，化学教学强调资源的合理利用和循环再生。学生可以了解化学在开发新能源、新材料，以及提高资源利用率方面的作用。例如，通过学习光合作用和生物降解过程，学生可以了解如何利用化学原理促进生态平衡和环境保护。

高中化学教学鼓励学生思考化学在环境保护中的伦理准则和社会责任。教师应引导学生考虑化学活动对环境的长期影响，并在化学实践中采取可持续的环保措施。

（二）食品科学与安全

食品工业是全球经济中的重要组成部分，因此人类对化学专业知识的需求日益增长。高中化学教学为学生提供了进入食品行业所需的基础知识和技能。

化学在食品研发中扮演着关键角色。学生可以先了解食品的化学组成，如碳水化合物、脂肪、蛋白质及维生素和矿物质等，再了解这些成分如何影响食品的质地、味道和营养价值，这对于开发新产品和改进现有产品至关重要。

在食品质量控制方面，化学知识同样不可或缺。学生可以学到如何运用化学分析方法来检测食品中的添加剂、残留农药、重金属和其他潜在有害物质。这些技能对于确保食品符合安全标准和消费者健康至关重要。

食品安全监管是需要化学专业知识的领域。学生可以了解食品安全法规和标准，学习如何运用化学检测技术来监控食品生产过程中的潜在风险，包括对食品加工、储存和运输过程中可能出现的污染进行评估与控制。

高中化学教学强调化学在食品保存和包装中的应用。学生可以了解到如何使用化学方法来延长食品的保质期，如通过控制 pH 值、水分活度和氧气含量来抑制微生物生长。

化学在食品营养标签的制定中起着重要作用。学生可以学到如何根据食品的化学组成来评估其营养价值,并在食品标签上提供准确的信息。

(三) 个人护理中的化学应用

个人护理是一个对化学专业知识有着极高需求的领域。高中化学教学可以为学生提供必要的基础知识。

在个人护理产品的研发中,化学知识是核心。学生可以学到各种原料的化学特性,包括活性成分、乳化剂、稳定剂、防腐剂等,以及它们如何影响产品的安全性、稳定性和功效。了解这些成分间的相互作用对于创造既安全又有效的产品至关重要。

配方设计是个人护理产品开发中的关键环节。学生可以学到如何根据产品的目标和预期效果,选择合适的原料并设计出合理的配方。这就要求学生对原料的化学性质及其在配方中的作用有深刻的理解。

高中化学教学强调化学在产品安全性评估中的应用。学生可以学会如何评估个人护理产品中化学成分的潜在风险,并确保产品符合相关的安全标准和法规要求。

化学在个人护理产品的包装和保存中也起着重要作用。学生可以通过控制氧化和光降解来保护产品中的活性成分。

二、科学思维与学生未来职业发展

(一) 科研工作

高中化学教学是培养学生科学思维的重要阶段,尤其是对于那些未来打算从事科研工作的学生来说。在化学的学习和实验中,学生能逐步掌握科学的方法,这对于他们未来的科研生涯至关重要。

在高中化学课程中,学生首先学习的是如何精确地观察实验现象,包括颜色变化、气体产生、沉淀形成等,这是科学探究的起点。教师应鼓励学生提出基于观察的问题,并学习如何通过科学文献和已掌握的知识来构建合理的假设。

然后学生可以通过实验来测试假设,在这个过程中他们会学到如何设计实验、控制变量,以及如何确保实验的可重复性。实验设计是科研工作的核心,高中化学实验课程能为学生提供宝贵的实践经验。

数据分析是科研中的一个关键环节。在高中化学教学中,学生会学习如何运用统计学方法来分析结果,并从中寻找规律和趋势。这些技能对于学生未来从事科研工作,特别是在处理大量实验数据时,是非常有用的。

高中化学教学强调科学思维中的批判性思考。教师应教导学生如何批判地评估科学证据,考虑实验的局限性,并从多个角度审视问题。这种批判性思维对于科研工作中的创新和问题解决至关重要。

高中化学课程可以培养学生的沟通和表达能力,这对科研工作同样重要。学生不仅要清晰地记录实验过程,撰写实验报告,还要能够向同行展示和解释他们的研究成果。

高中化学教学涉及科学伦理和社会责任。学生需要了解科研工作应该遵守的伦理准则,以及对社会和环境可能产生的影响。

(二) 技术开发

高中化学教学可以为学生提供技术开发所需的基础知识和科学思维技能。在技术开发领域,这些基础知识和科学思维技能有助于学生运用科学原理解决实际问题,并设计出性能优越的新产品。

高中化学课程对化学原理的深入讲解,有助于学生理解物质的组成、性质,以及它们之间的相互作用。这些知识是解决技术开发中遇到的问题的基础。学生通过学习化学反应、化学键和分子结构等内容,能够预测和解释实验现象,这对于新产品的设计至关重要。

高中化学实验课程能锻炼学生的实验技能和动手能力。在技术开发中,这些技能有助于学生进行实验验证,测试和改进产品设计。实验不仅能帮助学生理解理论知识,而且能培养他们的观察力和数据分析能力,这对于技术开发中的问题分析和解决方案的评估非常关键。

高中化学教学鼓励学生进行科学探究。通过这种方式,学生能学会面对未知挑战,提出创新的解决方案。通过学习化学,学生可以学会如何从不同角度审视问题,并考虑多种可能的解决方案。

教师应鼓励学生在设计新产品时考虑产品的环境可持续性、安全性和伦理问题,这对于培养负责任的技术开发者至关重要。

(三) 法律与政策制定

高中化学教学通过培养学生的科学思维,为他们未来在法律和政策制定领域的职业发展奠定基础。

高中化学课程中对化学原理和实验方法的介绍，有助于学生掌握如何通过观察、实验和分析来理解复杂现象。通过运用这些技能，学生可以深入分析社会问题，识别问题的根本原因，并提出基于证据的解决方案。

高中化学教学强调科学方法的重要性。这些方法可以转化为法律和政策制定过程中的分析框架，从而帮助学生系统地思考问题，设计有效的政策措施，并评估潜在的影响。

学生可以根据伦理准则与自己的责任感考虑法律和政策对环境、社会与公共健康的影响。

高中化学课程鼓励学生进行跨学科学习，这可以为学生提供在法律和政策制定中所需的知识基础。学生可以了解到化学与环境科学、公共卫生、经济学等多个领域的关系，这有助于他们在制定各项准则时，考虑多学科视角的知识。

三、实验技能与学生未来职业发展

（一）化学研究

高中化学教学可以为学生提供锻炼实验技能的机会，这些技能对于学生未来从事化学研究至关重要。通过学习化学，学生不仅能够理解化学的相关概念和原理，而且能够在实验室中亲手操作，从而培养未来进行化学研究所需的关键技能。

在高中化学实验课程中，学生能够学习基本的实验操作，如使用各种化学仪器、进行溶液配制和酸碱滴定等。掌握这些基本技能可以为学生日后进行更复杂的化学实验奠定坚实的基础。

随着学习的深入，学生开始接触更复杂的化学实验，如有机合成、无机制备、分析化学等。在这些实验中，学生可以学习如何设计实验方案、控制实验条件，以及如何运用不同的实验技术来获取所需的化学信息。

高中化学教学强调实验安全。安全意识和技能对于未来在化学研究中保证个人和他人的安全至关重要。

高中化学课程中的实验报告写作训练，有助于学生学会记录实验过程、分析实验数据、撰写实验报告。掌握这些技能对于学生日后科研工作中的学术交流和成果发表非常关键。

在高中化学实验教学中，学生可以学习如何从失败的实验中吸取教训并优化实验方案。批判性思维和问题解决能力对于化学研究尤为重要。

高中化学教学鼓励学生进行团队合作和小组实验，这有助于培养学生的沟通能力和协作精神。在化学研究中，团队合作是常态，能够与他人有效沟通和协作是科研成功的重要因素。

（二）化工生产

高中化学课程中的实验操作训练，有助于学生熟悉各种化学仪器的使用和化学实验的基本操作，如溶液的配制、反应条件的控制，以及实验数据的记录和分析。这些基本技能是化工生产中进行工艺开发和产品测试的基础。

高中化学实验课程鼓励学生进行科学探究，以培养他们的创新思维和问题解决能力。学生可以通过设计实验来验证假设，分析实验结果，并根据分析结果调整实验方案。这种能力在化工生产中至关重要，因为它涉及新产品的开发和现有工艺的改进。

学生需要学习如何识别和处理危险化学品，如何使用个人防护装备，以及在紧急情况下如何采取正确的应对措施。这些安全知识和技能对于确保化工生产环境的安全至关重要。

高中化学课程中的化学理论，如化学反应机理、化学平衡、热力学和动力学等，是学生深入理解化工生产过程中化学反应的基础。掌握这些理论知识有助于学生在未来的工作中设计更有效的化学反应过程，提高产品产量和质量。

（三）医药研发

高中化学课程中的基础实验训练有助于学生掌握各种化学仪器的使用和进行化学实验的基本技能。这些对于学生未来在实验室中进行药物合成和分析至关重要。

高中化学课程包括对有机化学和生物化学的学习，这些知识对于理解药物的结构-活性关系、药物设计和作用机制至关重要。学生通过学习这些内容，能够为未来在医药研发中进行分子设计和筛选奠定坚实的基础。

高中化学教学强调实验安全和伦理，这对于医药研发尤为重要。学生学习如何安全地处理危险化学品和生物材料，以及在实验过程中遵循伦理准则，能确保研究的安全性和合法性。

高中化学课程中的定量分析和仪器分析部分，能为学生提供药物质量控制和分析所需的关键技能。学生学习如何使用色谱法、光谱法等技术来鉴定和测定药物成分，对于保证药物的纯度和效力至关重要。

（四）教育行业

高中化学教学不仅能为学生提供扎实的化学知识基础，还注重培养他们将来在教育行业中作为化学教师所需的实验技能和教学能力。

高中化学实验课程为学生提供了亲身体验实验操作（包括使用各种化学仪器、进行化学反应，以及观察和记录实验现象）的机会，这对于他们将来设计和指导化学实验至关重要。

在高中化学教学中，学生还会学习如何清晰地表达科学概念和实验步骤，这对于他们将来作为教师进行有效沟通和指导学生非常有帮助。

四、创新能力与学生未来职业发展

（一）科研与学术

高中化学课程鼓励学生通过实验探索和科学探究活动来培养创新思维。学生在实验中不仅能学习到化学知识和技能，而且能通过解决实验中出现的问题培养独立思考和创新的能力。

高中化学教学通过提供开放性问题和研究项目，激发学生的好奇心和探索欲。教师应鼓励学生提出自己的想法，并设计实验来验证这些想法，从实验中学习如何改进和优化实验方案。

高中化学课程包括对化学领域最新研究动态的介绍，有助于学生了解到科研前沿和未来趋势。这种前瞻性教育有助于学生形成长远的科研视角，挖掘他们在化学领域的创新潜力。

高中化学教学强调批判性思维的培养。这种批判性思维在科研工作中不可或缺，有助于学生在未来的科研活动中提出新的研究假设和创新思路。

（二）化工与材料

高中化学课程中的基础化学知识，如化学反应原理、化学键理论、热力学和动力学，为学生理解物质的性质和变化提供了理论支撑。这些知识是进行材料合成和工艺开发的基础。

高中化学实验课程通过让学生亲手进行实验操作，培养他们的实践技能和动手能力。通过实验，学生可以学会如何记录和分析实验数据，这些技能对于他们未来在化工与材料科学领域从事研究工作至关重要。

高中化学教学鼓励学生进行科学探究,这种探究精神是进行科研和技术开发的核心。

高中化学课程包括对现代化工和材料科学的介绍,有助于学生了解当前的工业需求和技术挑战。这种前瞻性教育有助于学生形成创新性思维,挖掘他们在化工与材料科学领域的创新潜力。

高中化学课程强调实验安全和伦理,这些教育对于学生未来在化工与材料科学领域从事安全、负责的研究至关重要。

第三节 创新教育理念在高中化学教学中的实践

随着社会的不断发展,传统的教学方式已经无法满足现代教育的需求。创新教育理念逐渐成为教育改革的重要方向。在高中化学教学中,如何实践创新教育理念,增强教学效果,培养学生的创新精神和实践能力,成为教育工作者需要思考和探索的问题。

一、高中化学教学中创新教育理念的实践

(一)注重学生的主体性

在高中化学教学中实践创新教育理念时,对学生主体性的重视尤为重要。在传统的教学模式中,学生往往只是被动地接受知识,而在创新教育理念的指导下需要转变这种局面,让学生成为学习的主体,主动参与化学学习。

要尊重学生的个性差异。每个学生都有自己独特的学习方式和兴趣爱好,教师应该充分了解学生的特点,因材施教,让每个学生都能在化学学习中找到自己的位置,发挥自己的优势。

要激发学生的学习兴趣和动力。化学是一门充满奥秘的学科,教师可以通过生动的实验教学、有趣的化学故事等手段,激发学生的学习兴趣,让学生感受到化学的魅力,从而积极主动地投入化学学习中。

在化学实验教学中,让学生自主选择实验项目、自行设计实验方案,是提高学生学习主动性和创造性的有效方法。学生可以先根据自己的兴趣,选择感兴趣的实验项目,然后通过查阅资料、思考讨论,设计出自己的实验方案。这样的教学方式不仅能够让学生充分发挥自己的创造力和想象力,还能够让学生在实验过程中体验到成功的喜悦,进一步激发学习热情。

（二）采用多种教学手段

在实施创新教育理念的过程中，高中化学教师应灵活运用多种教学手段，以激发学生的学习兴趣，增强教学效果。随着科技的进步和教育理念的创新，多媒体、网络、实验教学等教学手段为高中化学课堂带来了丰富的教学体验。

多媒体教学能够通过图文并茂的方式，将抽象的化学概念具象化，以利于学生理解和掌握。例如，通过动画演示分子、原子的结构和运动规律，学生可以更加直观地理解化学反应的本质。

网络教学可以为学生提供更广阔的学习空间。教师可以利用网络平台，发布教学资料、布置作业、开展在线讨论等，与学生进行实时的互动与交流。学生还可以通过网络平台查找学习资料，拓宽知识面，培养自主学习能力。

实验教学是高中化学教学的重要组成部分。通过实验，学生能够亲手操作，观察化学现象，验证化学原理，加深对化学知识的理解。教师应该充分利用实验教学手段，设计有趣的实验项目，激发学生的探索欲及培养其创新精神。

（三）建立良好的师生关系

创新教育理念的核心在于促进学生的全面发展，这不仅是知识的积累，更涉及心理、情感、态度和价值观的全面提升。在高中化学教学中，为了实现这个目标，教师需要致力于构建和谐的师生关系，营造积极的学习氛围。

教师应深入了解学生的个性化需求，关注每个学生的学习特点、兴趣爱好和发展方向。通过与学生的沟通交流，教师能够更好地把握教学节奏和方式，确保教学内容与学生的实际需求相匹配。

教师应该成为学生学习和生活中的良师益友。当学生遇到困难和问题时，教师应及时给予指导和帮助，让学生感受到温暖和支持。同时，教师还应鼓励学生积极参与课堂讨论和活动，为学生提供展示自我、锻炼能力的平台。

为了营造和谐、积极的学习氛围，教师应注重课堂氛围的营造。幽默风趣的语言、生动有趣的实例和富有启发性的提问，可以激发学生的学习兴趣和好奇心。同时，教师还应尊重学生的意见和建议，鼓励学生提出自己的想法和看法，共同打造充满活力的化学课堂。

二、实践创新教育理念的意义

（一）提高学生的综合素质

实践创新教育理念在高中化学教学中具有深远的意义，不仅是教育改革的需要，更是时代发展的必然要求。这种理念能够全面提升学生的综合素质。在传统的教学模式中，学生往往只是被动地接受知识，而在创新教育理念的指导下，学生的自主性、创造性和实践性能得到充分的重视和发挥。高中化学教学不再只是传授知识，更要注重能力的培养和素质的提升。

实践创新教育理念有助于培养学生的创新精神和实践能力。通过实验教学、项目研究等实践活动，学生能够亲身参与、动手操作，培养实验技能、观察能力和问题解决能力。这种以实践为基础的学习方式，不仅能够加深学生对化学知识的理解，更能培养他们的创新思维和实践能力。

实践创新教育理念能为学生的未来发展奠定坚实的基础。在当前快速发展的社会中，具备创新精神和实践能力的人才备受青睐。通过高中化学教学中的创新教育理念实践，学生不仅可以掌握扎实的化学知识，还可以具备适应未来社会发展的综合素质和能力。在未来的学习和工作中这将为他们取得更好的成绩和发展提供有力的支持。

（二）促进教育教学的改革

实践创新教育理念不仅是教育发展的必然趋势，更是推动教育教学改革的关键所在。特别是在高中化学教学中，实践创新教育理念所带来的变革尤为显著。

创新教育理念鼓励教师摒弃传统的"填鸭式"教学，转向以学生为中心的教学方式。在这样的模式下，教师不再只是知识的传授者，而是成为学生学习过程中的引导者、协助者和促进者。这种角色的转变，使教育过程更加符合学生的认知规律，更加贴近学生的实际需求。

实践创新教育理念可以促进高中化学教学内容的更新与优化。教师不再局限于教材知识的传授，而应通过结合学科前沿、生活实际，引入更多具有时代性、探索性的内容，使化学教学更加鲜活、有趣。

创新教育理念可以推动教育教学评价体系的改革。传统的以分数为唯一标准的评价方式逐渐被打破，取而代之的是更加多元化、综合性的评价体系。这样的评价体系不仅关注学生的知识掌握情况，更重视学生的创新能力、实践能力、合作精神等非认知能力的培养。

(三) 适应社会发展的需要

在快速发展的现代社会，创新已成为推动社会进步的核心动力。因此，高中化学教学作为培养未来人才的重要环节，实践创新教育理念显得尤为重要。

实践创新教育理念能够培养出更多具有创新精神和实践能力的人才。这样的人才不仅具备扎实的化学知识，更重要的是敢于挑战传统、勇于探索未知。他们的创新思维和问题解决能力，将为社会的发展注入源源不断的活力。

通过高中化学教学中的实践创新教育理念，学生能够更好地理解和应用化学知识，为解决现实生活中的问题提供新的思路和方法。例如，在环境保护、新能源开发等领域，具有创新精神和实践能力的人才将发挥关键作用，推动社会的可持续发展。

实践创新教育理念有助于提高学生的综合素质和团队协作能力。在未来的工作中，具备这些能力的人才可以更好地适应团队环境、解决复杂问题，为社会的进步作出更大的贡献。

参考文献

［1］孙春梅. 新课改下高中化学教学创新策略探究［C］//山西省中大教育研究院. 第十一届创新教育学术会议论文集——教育创新篇. 河北省石家庄市第十七中学，2024：5-7.

［2］雷小平. 高中化学实验探究式教学［C］//山西省中大教育研究院. 第十一届创新教育学术会议论文集——教学方法篇. 四川省射洪市金华中学，2024：29-31.

［3］王瑾. 基于STEM理念的高中化学教学实践探索［J］. 学周刊，2024（09）：91-93.

［4］朱红莲. 学科融合下的高中化学跨学科教学探究［J］. 中学课程辅导，2024（06）：126-128.

［5］陈红曼，任玎，阿不都卡德尔·阿不都克尤木. 课程思政在高中化学教学中的实践探索［J］. 黑龙江教育（教育与教学），2024（02）：82-85.

［6］林娜. 项目式学习下的高中化学实验教学［J］. 数理化解题研究，2024（03）：102-104.

［7］郑好伟. 高中化学与多学科交叉融合的教学研究［J］. 数理化解题研究，2024（03）：117-119.

［8］郭晓先. 高中化学实验教学信息化发展路径研究［J］. 高考，2023（36）：63-65.

［9］罗娟. 自评互评学习评价在化学教学中的应用研究［D］. 重庆：西南大学，2023.

［10］孙凌云. 跨学科背景下的高中化学教学研究［J］. 教育界，2023（30）：53-55.

［11］韩淑静. 合作学习在高中化学习题课教学中的应用方法分析［J］. 天天爱科学（教育前沿），2023（07）：173-175.